読みなおす日本史

墓と葬送の社会史

森　謙二

吉川弘文館

目次

第三章　さまざまな墓制——墓と墓地の民俗

序——問題の視点

社会の鏡としての墓地

一九九〇年、まさに〈激動する東欧〉と騒がれたその夏、ハンガリーのブダペスト東駅のすぐ近くにある墓地にいた。墓地のほぼ中央に、白い大きな建物と見まちがうほどの慰霊碑があり、その周辺には統一された規格で星印がついた黒い墓碑が数多く並んでいた。近くにいた老人に「これらは軍人の墓か」と尋ねると、彼は「これはコミュニストの墓だ」と答え、さらに英語で、"They killed people."（彼らは人民を殺した）と続けた。すぐにハンガリー動乱（一九五六年）のことを思い出した。彼は、友人の何人かが死んだと言い、その友人が眠る墓地を指さした。それは、コミュニストの墓とはそれほど遠くない墓地の一角にあり、そこにはハンガリー動乱の多くの犠牲者たちが埋葬されていた。

どこの国でも〈英雄〉の死を政治的に利用する装置が存在する。国家のために戦って死んだ軍人や政治家たちが、墓地のなかで〈英雄〉として祀られているのである。旧東ベルリンでも同様の墓地をみた。

旧東ベルリンのフリードリッヒ地区東駅の近くの墓地のなかに「社会主義者の記念の地」が設けられている。この墓地区画には、東ドイツの社会主義者の肖像と墓碑が並び、近くの壁には社会主義のために戦った戦死者の名前が刻まれている。中央には、花輪を捧げる台も用意されており、ここで式典がおこなわれていたことを窺わせる。

モスクワでは、社会主義国家の終焉とともに「赤の広場」近くのレーニン廟からその柩《ひつぎ》が運び出された。ベオグラードでは、ユーゴスラビア連邦の崩壊とともにチトー元大統領の遺体もその廟から運び出された。チトー元大統領はセルビア人ではなく、クロアチア出身であったからである。社会主義の聖地は社会主義国家の終焉とともに消えていったが、ベルリンの「社会主義者の記念の地」は今どうなっているのだろうか。

このような〈英雄〉の死を政治的に利用するのは必ずしも〈東側〉だけのものではない。ヨーロッパの墓地は多かれ少なかれ、そのような装置をもつ。どこの墓地でも必ずと言ってよいほど戦死者を特別の区画に祀《まつ》っているし、大きな墓地にはそのモニュメントが建てられている。後に述べる、ウィーン中央墓地もその例外ではない。

日本でも、〈英雄〉たちを特別に祀ることには変わりがない。しかし、日本はこれらの〈英雄〉を神として祀った。靖国神社しかり、日光東照宮しかり、明治神宮しかりである。ここに、日本の特殊性がある。また日本では、靖国神社で「敵」を祀ることはない。同じ日本人であってもである。ヨーロッパでは同じ墓地のなかに敵と味方が共住している。ここにも大きな違いがある。

墓地が社会を映し出す鏡であるといったのは、ドイツの墓地研究家のハンス・クルト・ベールケである。ヨーロッパでは、墓地のなかにその歴史と社会の映像が映し出されている。日本の近代の公営墓地のなかには、「家」が映し出されている。これも日本社会の一つの映像ということになるだろう。

歴史的な観点

日本における墓地の歴史を考えたとき、いくつかの大きな節目となる転換期がある。そして、墓地はゆっくりと、しかも支配体制に照応する形で変貌をとげていった。つまり、墓地の歴史は、単純に民俗的な伝承に支えられているのではなく、国家体制の歴史にも規定されているというのが私の主張である。以下、墓地の歴史のなかで大きな転換点であると思われる時期を整理しておこう。

第一の転換期は、古墳時代から大化の改新を経て律令制国家が形成される時期である。墓と葬送の観点からみれば、巨大墳墓の造営から薄葬《はくそう》の詔《みことのり》・喪葬令《そうそうりよう》を経て、遺体や遺骨が死穢《しえ》の対象として、まつりごとをおこなう都市空間から排除されていった時期である。この過程は、仏教が伝来し国家仏教として確立する過程であった。この段階ではまだ、仏教が葬送儀礼と結びついていたわけではない。しかし、火葬の普及にみられるように、葬送と仏教が一定の接点をもった時代でもあった。

この時代には、撒骨《さんこつ》の伝承にみられるように（二一五ページ参照）、遺体や遺骨を保存するという発想はない。都市空間の外に、遺体は遺棄され、焼骨は骨壺に納めることなく粉砕され、捨てられた時代であった。

第二の転換期は、浄土思想の影響に基づいて死者を供養するという観念が形成される時期である。平安時代末期から鎌倉時代にかけてのことである。藤原道長が宇治木幡《うじこはた》の藤原氏の墓地に建立《こんりゅう》した浄妙寺《じょうみょうじ》が、それをものがたる。まつりごとから分離された私的な領域に、数多くの寺院（氏寺《うじでら》）が建立されるようになる。

さらに、この時期には、死者への供養が流行し、墓詣《まい》りをおこない、納骨習俗にみられるように遺体（遺骨）尊重の観念が浸透してくる。墳墓が祖先祭祀の対象になるには、なお時間が必要であったが、一族の墓地が形成され、墓地が家とともに継承される構図は、徐々に確立されていった。墓地はこの段階で、しだいに居住空間のなかに組み込まれてくる。

家の形成は、墓地のあり方にも大きな影響を与える。中世と近世では家のあり方に差異があるであろうが、家の継承が墓の継承と結びついたときに、墳墓と祖先祭祀が一体となって展開することになる。このような観念は、武家階層では鎌倉時代末期に形成されていたかもしれないが、庶民階層では近世になってはじめて家と墓の結びつきがみられるようになる。それは、「小農の自立」に基づく家観念の形成がみられる、十七世紀後半以降のことである。

第三の転換期は、明治維新以降であろう。国家神道の確立とともに、祖先祭祀が国民の道徳的基礎として位置づけられ、祖先祭祀は、家を基盤としてムラ（氏神）から国家にまで拡大された。このような祖先祭祀を「イデオロギーとしての祖先祭祀」と呼ぶことにしよう。この時期、墳墓（あるいは墓地）は祭祀財産として継承されるべきであるとされ、明治民法はこれを「家督相続の特権」として位置づけた。墳墓は家の祖先祭祀のシンボルとして教化されていった。この観念は核家族化した現在でもなお払拭されているとは言えない。

しかし、他方においては、公衆衛生・都市計画の観点から、人間の居住空間から分離する傾向が出てくる。都市のなかで、埋葬・火葬することが禁止され、近代の公営墓地が郊外に建設されていった。都市は墓地不足に悩まされ、墓地はますます都市周辺に追い出されている。

第四の転換期を考えるとすれば、それは現在であろう。家族構造の変化が従来の家墓の存続を難しくしているのである。さらに、墓そのものを拒絶する傾向も出てきている。このような流れが、今後どのように展開していくか、まだその方向性ははっきりとしていない。出生率の減少と高齢化社会の到来は、墓に関しての議論をますます盛んにするであろう。

墓地や墳墓のありようは、日本社会のなかで決して一様ではない。右に述べたような歴史の展開は、それぞれの時代の支配的《ドミナント》な形態である。しかし、現実の多様な形態を無視することはできないし、しばしばその多様なものの認識が支配的な形態にたいする批判の視点を与えてくれることになる。

本書は、日本の墓地を対象としたものである。しかし、ヨーロッパの墓地事情をしばしば引き合いに出した。それは〈比較〉を通じて日本の特徴を導き出すためであり、それ以上のものではない。比較をするということは、どちらか一方を理想型のモデルとして措定《そてい》することではない。ヨーロッパにはヨーロッパ固有の文化と歴史があり、日本には日本固有の文化と歴史がある。それを無視して、ヨーロッパを価値基準にして日本を批判したとしても、それはむなしいものになるであろう。

墓はその社会の歴史と文化に規定されている。その意味では、墓の比較文化的な研究はそれぞれの社会の個性を描き出すはずである。

第一章　市民社会と墓地

1　家族感情と墓

墓地のイメージ

墓地は、どのような意味をもった空間であり、どのような場所に設けられたのであろうか。また、人々は墓にたいしてのどのようなイメージをもっているのであろうか。

一九八七（昭和六十二）年に東京都がおこなった「都民の霊園に関する意識調査」では「死者をしのぶところ」七三・六パーセント、「厳《おごそ》かなところ」四一・九パーセント、「明るい公園のようなところ」二四・二パーセント、「単なる埋葬の場」一二・二パーセント、「暗く不気味なところ」七・四パーセントとなっている（複数回答）。

現在では、多くの人々が墓地を死者をしのぶところと答えており、墓地にたいして暗いイメージをもつ人々が少なくなっている。もちろん、この調査結果は東京都に居住する人々を対象とした意識調査であり、近代的な霊園をイメージして回答した人々が多いことを割り引きして考えなければならない。

それにしても、現在では墓地を「死者をしのぶところ」と考える人々が全体の四分の三にもなっているのである。彼らが「死者をしのぶ」という場合、彼らにとってその死者は縁もゆかりもない人々ではない。その死者は自分の親しい人たちであり、多くの場合、自分と生活をともにした家族の一員であった人々であろう。

墓地はそのような親しい死者を厳かにしのぶ場所なのである。また、現状の墓地の認識については「明るい公園のようなところ」とする人々が四分の一近くに達している。人々は墓地を、不気味な死霊がさまよう場所ではなく、親しい死者と再会をする舞台にふさわしい〈明るい公園のような〉空間であると、意識するようになった。

また、この調査では、一般に望ましい墓地の立地環境についても、「自然に恵まれた郊外」五八・七パーセント、「居住している地域の近く」二二・一パーセント、「市街地の緑地に隣接したところ」一八・三パーセントと、墓地を非日常的な空間として社会から隔離する意識も希薄になってきている。ここでも、墓地を「死穢《しえ》の場」として忌避するという意識は希薄になっていることがわかる。

明るい公園のような場所であることを望み、他方では厳かな場所であることを望み、さらに社会から隔離されないことを望む。このような墓地空間は、親しい死者との再会の舞台であるだけでなく、〈私〉の「死後の住処《すみか》」にもふさわしい空間なのである。

変化する慰霊形態

都市近郊の近代的な霊園のなかでも、「○○家之墓」と刻まれた〈家墓〉を数多くみいだすことができる。「〇〇家之墓」と刻まれた〈家墓〉の建立は、明治時代になり、火葬の普及や墓地拡張や新設の制限をつうじて普及しはじめるものであり、この〈家墓〉をもって日本の伝統的な墳墓の形態であるとは言えない。

もっとも、墳墓が〈家墓〉の形態をとるのが近代日本の産物であったとしても、家を単位とした墓地の形成は古くからみられたし、先祖代々が同じ墓地に眠るという枠組みの延長に〈家墓〉が形成されたものである限り、この〈家墓〉は伝統的な家の象徴として機能し、家的伝統を端的に表現するものであると言えるであろう。

そして、この〈家墓〉が、近代的な霊園のなかでも再生産されていった。それは、公園化した墓地のなかで墓地景観を保つという墓地造成上の問題から、また墓地不足を背景とした墓地区画の面積の制限という、外部的な要因にも基づいている。つまり、一つの墓地区画のなかには一つの納骨施設（＝墳墓）しか建設することができないことが多いからである。したがって、墳墓は合葬を前提とした〈家墓〉にならざるをえない。墓地経営のあり方が、〈家墓〉を規定してきたのである。

しかし、〈家墓〉についての意識は確実に変化していった。その変化は、生前に自分がはいる墓を手にいれようとする人々が多くなったことに表現される。生前墓（＝逆修墓《ぎやくしゆうばか》）は必ずしも現代的な現象ではないとしても、現在の民間霊園の墓地購入のうち、生前に自己の墓を購入するのが全体の六割から八割におよぶとされている。

つまり、現在、墓地を手にいれようとする多くの人々は、死者のためではなく、自分が「死後の住処」を確保するためにそれをおこなうのである。彼らは、当然、〈私〉が先祖の墓にはいることを期待するのではなく、〈私〉が子孫とともにはいることを期待しているのである。その「死後の住処」に〈私〉を愛してくれた人々が詣《まい》り、この住処に〈私〉がかつて一緒に暮らした家族が住んでくれることを期待するのである。

さらに、墳墓（＝石塔）に刻む言葉も変化してきている。かつて「〇〇家之墓」のように家名を刻んだ〈家墓〉から、「寂」「浄」「愛」「空」「夢」「憩」「和」など抽象的な言葉を墓碑に刻むケースも多い。もちろん、このような言葉とともに〈姓〉を刻むケースが多いとしても、ここには祖先とともに眠る、あるいは祖先祭祀の対象としての墳墓という意識が次第に希薄になってきていることが窺える。

家族との再会の舞台としての墓地には、かつての人々から隔離した「死穢の場」としてのイメージはない。さらに、墓地は先祖を祭祀するための空間であるという意識にも変化の兆《きざ》しがみられる。

このような墓地イメージの変化を考えるとき、フランスの社会史家であるＰ・アリエスの考察が参考になるかもしれない。

他者の死

十八世紀の後半になって、ヨーロッパでは公衆衛生の観点から都市内の墓地が批判の俎上《そじょう》に載せられ、十八世紀末から十九世紀にかけて都市郊外に新しい墓地の建設がはじまった。この意味では、この時期が、ヨーロッパの墓地の歴史にとって、大きな転換期であったともいえる。しかし、この転換は墓地形態の変化にとどまらなかった。教区教会から分離された墓地に、人々は参拝しはじめたのである。

この問題をアリエスは、「死を前にしての態度」(＝「心性の変化」)としてとらえた。中世においては、死者は教会に委《ゆだ》ねられたというより、教会に捨てられた、とアリエスはいう。中世後半になると、死者たちは自己の個別性を主張するようになり(＝「自己の死」)、十四、五世紀になると、上層階層において家族用の礼拝所が設けられるようになる。しかし、ここが「死者の思い出」を確かめる場であるというより、まだ「名声を保つ配慮」のほうが重要であった、とする。

その後も、死にたいする態度の変化は確実に進んでいた。十九世紀以降になると、自己の死にはそれほどの関心を示さなくなり、特定の他者(家族)へ愛情を向けることによって「死とともに生きる」ことに満足をみいだすようになる(＝「他者の死」)。この段階で、墓地はこの世で愛する者たちと再会をする舞台として用意されることになると、アリエスは論じている(『死と歴史』)。

家族とともに埋葬される傾向は、現在に至るまでヨーロッパ社会では続いている。第六章で述べるように、二十世紀の後半になって、これまでとは異なった新たな傾向がみられるにしても、ヨーロッパ各地の墓地では〈家族墓〉が今なお一つの大きな流れを形成している。

アリエスの「死の文化史」は、祖先祭祀の観念が欠如したヨーロッパ（＝キリスト教社会）の〈死〉と〈墓〉を問題としたものであるが、日本の社会にも部分的にあてはまる。ヨーロッパでは教会から墓地が分離されることによって、近代市民社会の墓地が形成された。この墓地はキリスト教から切り離されたものではないが、死者が宗教上の論理によってではなく、家族とのつながりのなかで埋葬されることを望むのである。

日本社会では〈家族的なつながり〉のなかで埋葬されることは、江戸時代以来庶民階層のなかでも一般的な現象になっていた。もっとも、この〈家族的なつながり〉は、家の枠組みを基礎にしたものであって、先祖代々の墓地に〈先祖〉とともに埋葬されることを期待したものであった。

この枠組みが払拭されたとはいえないが、現在の新しい墓地のなかで徐々に変化してきた。先祖とともに祀られるよりも、死者は、生前親しかった人々、自分とともに暮らした妻や子供たちと一緒に葬られることを望み、墓地は愛する者を失った家族がその死者を追悼する場になったのである。死者は生前に自らが用意した墓地に埋葬され、そこで生前に愛した人々との再会を望むのである。

〈家族的なつながり〉のなかで近代的な墓地が形成されていくというのは、日本とヨーロッパではその内容において差異があるとしても、可視的には共通の現象として展開するのである。

2　近代市民社会と墓地

市民社会の墓地

しかし、近代社会のなかで形成されてきたヨーロッパの墓地と日本の墓地には大きな差異がある。もう一度アリエスの理解を参考にしよう。アリエスは近代社会のなかで形成されてきた墓地を次のように説明する。

墓地は都市の外の、風光明媚な場所におかれています。それは、散策する人を迎えいれる公園のように、描かれているのです。さらに墓地は、有名な人たちの博物館、国民的な栄誉をえた人たちが称えられているパンテオン、といった趣です。そこでは墓は、緑のなかに散在しています。そこに姿をあらわしているのは、まったく別の死についての考え方、宗教との結びつきはより少なく、公私の生とより多く結合した考え方なのです。生き残った人たちは、死によって引き離された人たちの墓を定期的に訪れるという、かつてなかった習慣を、身につけました。（『図説　死の文化史』）

墓地が都市の外に建設されるようになるのは、キリスト教の影響力の低下が直接の原因ではない。ジョン・マクナマーズが『死と啓蒙――十八世紀フランスにおける死生観の変遷』のなかで論じているように、公衆衛生上の観念が、教会内部に無造作に積み重ねていた遺体を都市の外に追い出したのである。

もっとも、都市の外への墓地の建設は、十八世紀末あるいは十九世紀初頭にはじまったのではない。古代においても城壁の外に墓地が設けられていたし、中世のたび重なるペストの流行によっても、遺体が都市の外に埋葬されることはあった。その意味では、ヨーロッパ社会のなかで、都市の郊外に墓地が設けられたのは、これがはじめての経験ではなかった。

しかし、この新しい墓地は死霊の恐怖を閉じこめておく場所ではなかった。墓地は「この世で愛する者たちと再会をする舞台」（アリエス）であり、「ロマンチックな庭園に仕立て、回顧的な訪問の場所――散策し、思索し、瞑想する場――」（マクナマーズ）であった。

墓地がこのように死者との再会の舞台である以上、死者にたいしての思い出は、単に個人的な感情を越えて社会的な広がりを示すことになる。

思い出の礼拝はすぐに同じ感性の動きに従って個人から社会へと広がりました。十八世紀の墓地の計画の立案者たちは、墓地が家族を迎え入れる公園であり、かつ同時にまた、ロンドンのセントポール聖堂のように偉人達の記念館でもあるように望みました。英雄や偉人達の墓は国家によってまつられることでしょう。（前掲書）

とアリエスは述べている。

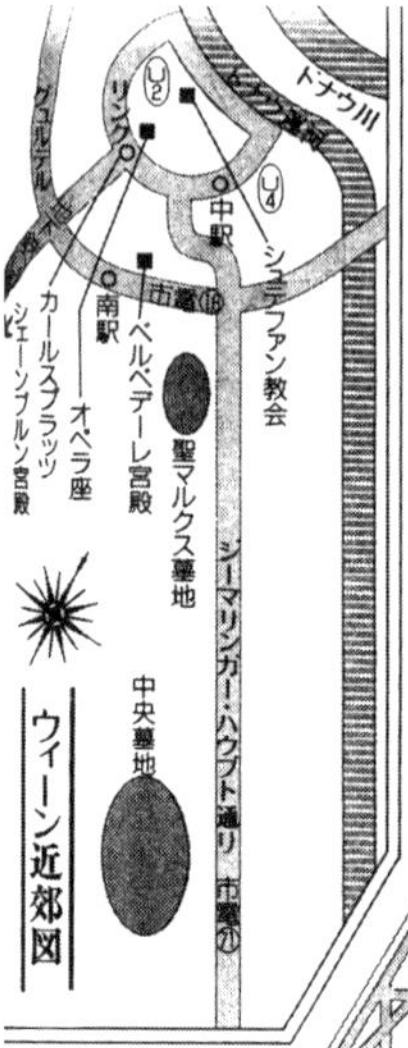

ウィーン中央墓地

❶❹顕彰墓碑
❷大統領墓所
❸1934年2月12日の犠牲者（慰霊碑）
❺犠牲者の墓碑 1935～1945
❻記念墓碑
❼犠牲者の慰霊碑 1938～1945
❽ソビエト兵士戦没者墓碑
❾戦没者墓碑 1914～1918
❿同盟国戦没者墓碑 1939～1945
⓫戦没者墓碑 1939～1945
⓬遺体解剖者慰霊墓碑
⓭1848年3月革命の犠牲者
⓮1881年リンク劇場火災慰霊碑
⓯オーストリア抵抗の犠牲者 1938～1945
⓰自由オーストリアの犠牲者 1934～1945
⓱1927年7月15日の犠牲者
⓲1809年フランス人兵士の慰霊碑（ナポレオン戦争）

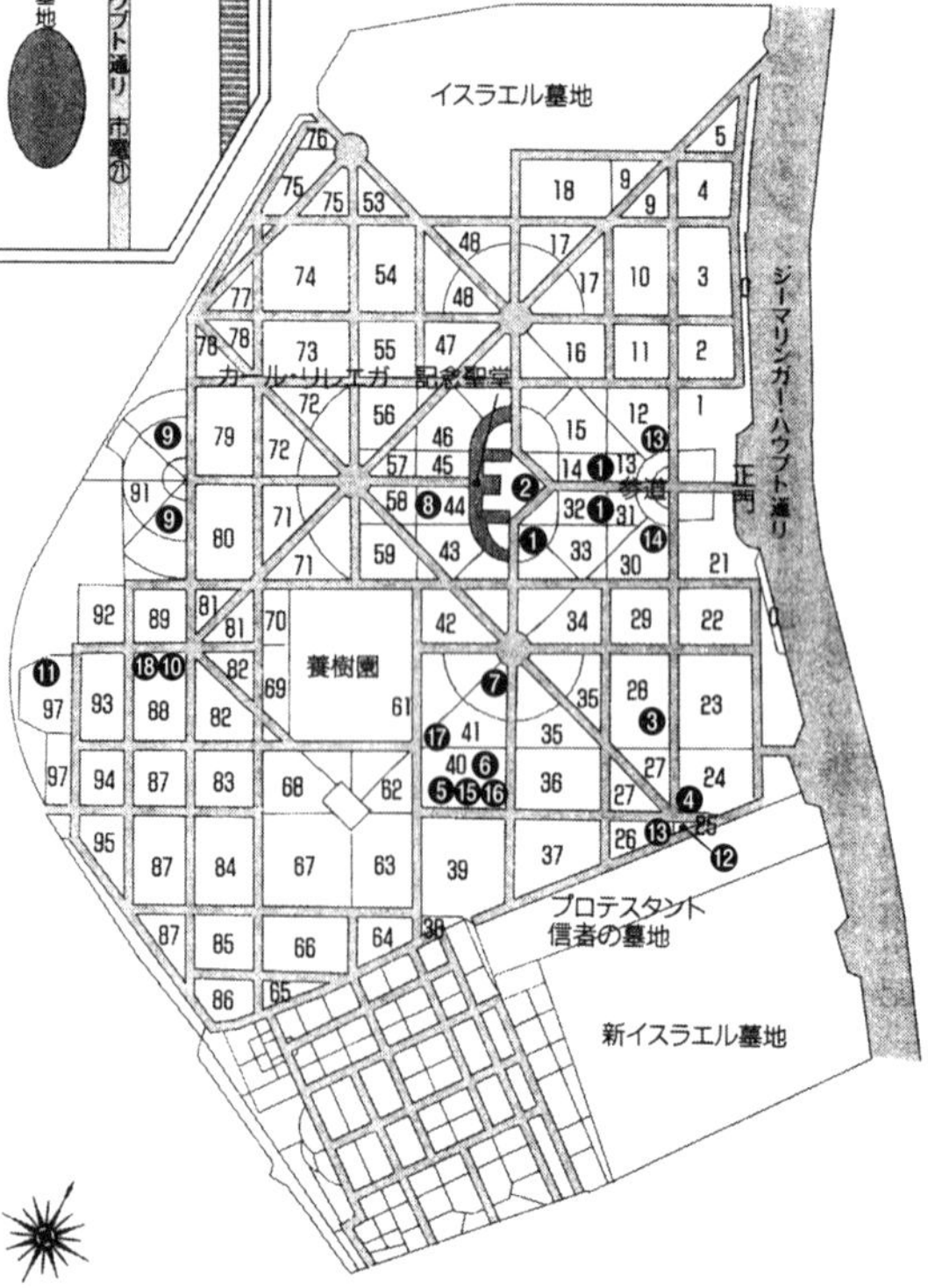

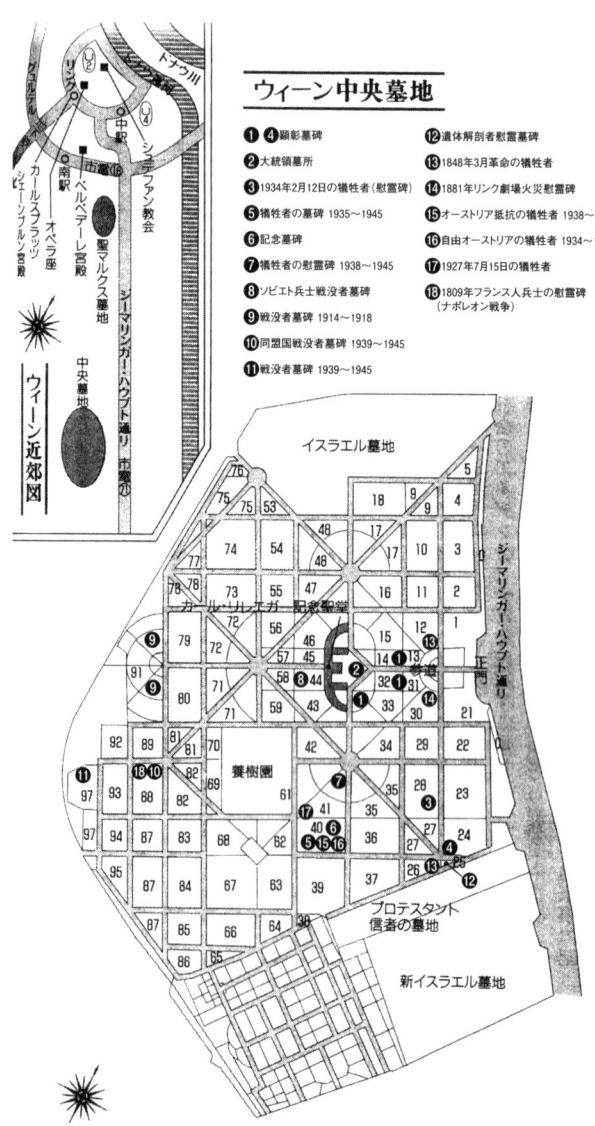

墓地の計画・立案もまた新たな思想に基づいたものになる。J・J・ルソーの〈自然に還《かえ》れ〉という標語は、墓地設計者の共通の理解になり、十九世紀をつうじてヨーロッパの墓地の景観が、まさしく自然豊かな〈公園〉であるかのように変化していった。

墓地は、家族的愛情を表現した思い出の場であると同時に、その時代を生きた人々の追憶の場であり、それぞれの時代の歴史と文化を映し出す鏡として用意されたのである。

墓地はしばしば「死者の都市」（Totenstadt）と比喩される。墓地は生者の社会を映し出す時間を超えた鏡であり、その社会のアイデンティティを確認する場になったのである。この墓地のなかには、名もなき市民の墓標とともに〈それは多くは〈家族墓〉の形態をとっている〉、その都市（＝社会）の英雄や偉人たちがまつられ、その社会で起きたさまざまな出来事の記念碑が建てられ、戦没者の碑が並んでいる。ここにはその社会の歴史が刻まれている。

もう少し具体的に、ウィーンの中央墓地を例にとって話すことにしよう。

「死者の都市」――ウィーン中央墓地

ウィーン中央墓地が開園されたのは、一八七四年である。ウィーンでは、一七三二年に市内での埋葬の禁止令が出されていたが、現実には新しい墓地の建設は遅々として進まなかった。新たな墓地の建設がおこなわれるのは、ヨーゼフ二世のもとでであった。

一七八三〜八四年には、ウィーン郊外に数ヵ所の墓地が建設された。その一つにモーツァルトが埋葬されたことで有名な聖マルクス墓地がある。しかし、これらの墓地はすぐに満杯状態となった。ウィーンの人口は十九世紀を通じて、じつに八倍に膨《ふく》れあがるからである。この人口の増加がウィーン中央墓地の建設のきっかけになる。中央墓地は、その建設が十九世紀の後半であるとしても、十八世紀末以来のヨーロッパのなかで展開してきた墓制の延長線上に建設されてきたものであるといえる。

ウィーン中央墓地は、かつて城壁があったリンク（環状道路）から市電に乗り、約十分あまりの距離にある。その中間地点に聖マルクス墓地がある。十八世紀末に建設された墓地のその外側に中央墓地は建設されたのである。

この中央墓地の開設と同時に、十八世紀末に建設された数ヵ所の墓地が閉鎖されたが、聖マルクス墓地だけはビーダーマイヤー期（十九世紀前半、特に一八一五〜四八年頃の小市民文化が発達した時期）の歴史的な施設として永久保存されることになった。

現在の中央墓地の広さは、約二百三十八万五千平方メートルで、三十万基以上の墓碑があり、およそ三百万人の死者が眠っている（イスラエル墓地・プロテスタント墓地・火葬用墓地を含まない）。ここに掲げた地図（二四ページ）は、中央墓地がどのように区画され、どのようにグループ化されているかを示しているものである（中央墓地には、道を隔てて火葬用墓地があるが、この地図には含まれていない）。

これをみて気づくことは、まず、墓地が宗教・宗派別に構成されていることである。正門から向かって左右双方に新旧のイスラエル（ユダヤ人）墓地が区画され、左側の新イスラエル墓地の横にはプロテスタント（ルター派）墓地が設けられている。

それだけではない。グループ25には、わずかなスペースではあるが、イスラム教徒の墓地も区画されている。圧倒的にカトリック教徒が多いウィーンでは異教徒の墓地が周辺に置かれるのは仕方のないことかもしれない。この墓地の配置もウィーンの都市の構成を示すものであろう。

第二に、顕彰《けんしょう》墓碑についてである。現在の顕彰墓碑は、一八八一年に「歴史的に特に記憶すべき人々」の埋葬についての指令が出され、一八八四年にもともと旧墓地に埋葬されていた「歴史的に記憶すべき人々」が発掘され、中央墓地に改葬されたことにはじまる。したがってこの中央墓地の開園前に死亡した「歴史的に記憶すべき人々」の墓も多い。

この「歴史的に記憶すべき人々」の墓碑は、現在では二つの形態がある。一つは、ウィーン市によって管理される顕彰墓碑（Ehrengräber）であり、もう一つは、死者の家族が墓碑の管理費用を負担する記念墓碑（Ehrenhalber gewidmete Gräber）である。そして、前者の顕彰墓碑の建設は、若干の例を除いてウィーンではこの中央墓地にしか認められていない。

現在、中央墓地には約五百基の顕彰墓碑があり、八百基の記念墓碑があると言われている。この顕彰墓碑が集中しているグループは、０・14・32であり、大統領墓所はカール・リレエガー教会の前にある。大統領墓所には、オーストリア初代大統領であり法学者としても著名なカール・レンナー（一八七〇～一九五〇年）の墓をはじめとして、歴代大統領の墓が並ぶ。32には、ベートーベン、シューベルト、ヨハン・シュトラウス親子、ブラームス、ズッペなど世界を代表する音楽家たちが眠り、そしてモーツァルトの記念碑もここに建てられている。グループ0にも、天才詩人とうたわれるフォーグル（一八〇二～一八六六年）、ビーダーマイヤー期の画家ガウエルマン（一七七三～一八四三年）など、名前を挙げればきりがない。

ここに眠る人々は、かつてのオーストリア＝ウィーンの文化と社会を担ってきた政治家、軍人、学者、医者、作家、詩人、芸術家たちであり、ここには彼らの功績を讃え、それを後世に伝えようとする市民社会の意思表示を読みとることができるであろう。

この顕彰墓碑以上に、歴史の凝縮した形態をみることができるのが、中央墓地内に散在している慰霊墓碑や記念碑である。中央墓地地図内の③と、⑤から⑬までは主な慰霊碑を示したものである。もちろん慰霊碑はこれに尽きるわけではなく、まだ多くの碑が建てられている。

私の知る限り、もっとも古い記念（慰霊）碑は一八〇九年のナポレオン戦争によるフランス兵士の戦没者慰霊碑（⑱）である。ナポレオン戦争の戦後処理、神聖ローマ帝国の崩壊後の新たなヨーロッパの支配体制について話し合われた一八一五年の「ウィーン会議」、その反動として表面化してきた一八四八年の「三月革命」（⑬）、二十世紀になると、サラエボでのオーストリア皇太子暗殺にはじまる第一次世界大戦⑨、一九一八年のハプスブルク家の崩壊と第一共和国の誕生、一九三八年のヒットラーによるオーストリア併合⑮、第二次世界大戦⑪とソビエトなど四ヵ国による占領統治⑧など、われわれはこの墓地のなかでオーストリア＝ウィーンの歴史に出会うのである。

ウィーン市の墓地条例は、墓地の性格を次のように規定している。

ウィーン市営墓地は法律規定の意味においては公衆衛生上の施設である。それは、信仰・世界観・門地の区別なく、死者の埋葬に用いられる。しかし、それ以上に墓地はまた、個人的で宗教的な死者追悼の場であり、眠りと追憶の場であり、それらの時代と社会の文化的な映像を具現化する。

墓地にはその時々の時代の凝縮された映像が映し出されている。顕彰墓碑にしても戦没者墓碑を含む慰霊碑にしても、それぞれの社会の映像であることには変わりがない。墓地に社会の歴史が刻まれ、その歴史を担ってきた死者が墓地をつくりあげているのである。つまり、これらの歴史を刻んできた死者たちが一定の墓地空間のなかに共住しているのである。

それゆえに、この墓地は「死者の都市」と呼ぶにふさわしいのである。そして、このような墓地のあり方は、多かれ少なかれヨーロッパの墓地に共通してみられる現象であろう。

近代日本の公営墓地の誕生

近代ヨーロッパの墓地の特徴は、教会の支配から逃れて、言い換えるならば死者たちが身も心も教会に捧げるような関係から逃れて、家族的なつながりのなかで埋葬される場になったことである。家族的なつながりは、ヨーロッパでも家族墓を形成したが、それは祖先とともに眠ることを望んだ結果ではなく、死者たちが墓地のなかでも生きた時代とのつながりを求めたからである。したがって、墓地自体も死者たちの時代の社会を反映するものでなければならなかった。

このような墓地のあり方は、明らかに日本におけるそれとは異なったものになっている。なるほど、日本の都市における墓地も、ヨーロッパと同様に緑化され、公園墓地になるよう展開されてきた。しかし、死者たちは依然として家の枠組みに閉じこめられたままであったし、戦没者の慰霊は墓地から分断されていた。しばらく、近代日本における公営墓地の形成についてみてみよう。

近代日本においても、ヨーロッパと同様に、公衆衛生上の観念が墓地政策に大きな影響を与えたが、新しい墓地の形成は必ずしも一義的な理由に基づくものではなかった。

一八七三（明治六）年八月八日の太政官から東京府への布達によって東京の朱引内の地域（一八一八《文政元》年に江戸幕府評定所が江戸の範囲を定めるために江戸図の上に朱線を引き、この内側を「朱引内」として幕府公認の江戸府内と定めたことがよく知られているが、ここでいう「朱引内」というのは、明治政府が一八六九《明治二》年正月十三日に改めて「朱引内」として定めたものである）に、墓地の新設や既存墓地への埋葬（土葬）を禁止した。その背景は次のようなものであった。

一八七三（明治六）年七月に火葬禁止令が出されたため（第四章の2を参照）、僧侶たちが墓地不足を訴えて、寺院の境内に墓地を設けようとしていた。そこで、太政官は東京府にたいし、同年七月二十八日「東京府下寺院境内地ヲ墓地ニ定ム」とする達《たつし》（指令）を発令した。

しかし、この達に大蔵省が反対した。その理由は次の通りである。

東京府内市街地での墓地の新設は、今後道路をつくるなど市街の改編あるいは公益の事業のための土地を買収することなどを考えると問題が多い（＝「都市計画」の観点）こと、遺体を掘り返し改葬するということは人情に忍び難いことであるし（＝「遺体尊重」の立場）、腐敗した悪臭が城市に満ちることも首府にふさわしくない（＝「公衆衛生」の観点）こと、さらに市街地の寺院の僧侶がその境内を無税地である墓地として貸し出すことによって巨利を得ることも、賦税の平準を失することになる（＝「税負担の公平」という観点）、というものである。

太政官は大蔵省の上申を全面的に認め、八月八日には去る七月二十八日の達を取り消し、同時に「向《きょう》後《ご》従前ノ墓地ト雖《いえど》モ、朱引内ハ埋葬禁止候積《つもり》ヲ以《もつて》、別段朱引外ニ於テ相当ノ墓地相撰《あいえらび》、大蔵省ニ可申出《もうしでるべく》此旨《このむね》相達《あいたつし》候事《そうろうこと》」とした。朝令暮改を絵に描いたような方針の変更であるが、「都市計画」という新たな観念が明治初年の墓地行政のなかにはいってきたことには注目をしておきたい。

明治初年の明治政府の墓地政策は、公衆衛生政策、地租改正にかかわる問題、神道国教化にかかわる問題などが複雑に絡み合っている。これらの問題は第四章で改めて述べることにしたいが、国家の管理のもとで新しい墓地が形成されてくるのである。

市街地における新設の墓地建設の禁止・既存墓地への埋葬の禁止は、必然的に都市近郊への墓地の新設を求めることになる。この段階で新設された墓地が、青山墓地・雑司ヶ谷墓地・谷中墓地・染井墓地などの九ヵ所である。

これらの墓地は、当初、神葬祭墓地として供用されたものであったが、国家神道が葬儀から手を引くことによって、神葬祭専用墓地としてではなく、「共葬墓地」（宗教・宗派の区別なく利用できる墓地）となっていく。新しい「公営墓地」の誕生である。

しかし、この墓地のなかに、戦没者たちが共住することはなかった。公営墓地は「市民社会」の墓地としては誕生しなかったのである。なぜ、このような事態が生じたのであろうか。

招魂社――墓地空間から分離された戦没者

招魂社《しょうこんしゃ》の建立は、一八六五（慶応元）年、下関の桜山招魂社にはじまるとされる。もっとも、津和《つわ》野《の》藩の福羽美静《ふくばよししず》らが一八五三（嘉永六）年に殉難諸士の霊をとむらう招魂祭を実施し、一八六三（文久三）年には、京都の祇園社に小社を設けて招魂祭を実施し、津和野藩の主導のもとで、招魂思想は一定の展開をはじめていた。下関の桜山招魂社も、その影響のもとで、高杉晋作の発議によって建立されたものである。

京都の東山に招魂社が建立されるのは、一八六八（慶応四）年五月十日である。東山の招魂社の設立に関しては、その後、神祇事務局権判事に就任した福羽美静の手によると思われる二つの太政官布告が出される。

一つは、「大政御一新之折柄《おりがら》賞罰《しょうばつ》ヲ正シ節義ヲ表シ天下ノ人心ヲ興起《こうき》被遊度《あそばされたく》」にはじまる布告である。この布告は、賞罰を正した上で、「唱義《ぎをとなえ》精忠《せいちゅう》天下《てんか》ニ魁《さきがけ》シテ国事ニ斃《たお》レ候諸士及草莽《そうもう》有志ノ輩」を祀るとし、天皇の名のもとで東山に招魂社を建立することを定めた。東山招魂社の設立を、宗教学者の村上重良は、「どこまでも敵と味方を峻別し、自派が生き残り勝つためには、手段を選ばず敵を倒さなければならないという、苛酷な政治構想の論理」を前提として、国事殉難者の招魂の思想の原型が形成された、とする（『国家神道と民衆宗教』）。

もう一つは、伏見戦争（鳥羽伏見の戦、一八六八年）以来の戦死者を東山招魂社で祀ること、「向後王事ニ身ヲ殲《ほろぼ》シ候輩速《すみやか》ニ合祀《ごうし》可被為存候《なされべくぞんじそうろう》間《あいだ》天下一同此旨ヲ奉戴《ほうたい》シ益々可抽忠節《ちゅうせつひくべき》」と、各藩主もこの趣旨に従うように求めたものである。これが靖国神社の原型である。

この二つの布告が出された後、薩摩（鹿児島県）の城西《じょうせい》招魂社など各地に数多くの招魂社が建立される。この時期の招魂社として注目しておきたいのは、招魂社には碑を建立して、毛髪・遺品などを収納する〈墓〉の形態がとられていたことである。

元来、桜山招魂社も東山招魂社も奇兵隊や勤皇の志士たちの墳墓の地に招魂社が建てられたものであり、現在でもなお京都の霊山護国神社（もとの東山招魂社）には坂本竜馬や中岡慎太郎の墳墓など何百という墓石が並んでいる。

墓地と隣接して神社があるという景観は、伝統的なムラの神社とはまったく異質なものであり、〈招魂〉という観念は、おそらくは〈御霊信仰〉の特殊な形態であり、それが国家祭祀として発展したものといわなければならないだろう。

さらに、天皇の東京遷都《せんと》にともない、一八六九（明治二）年に東京招魂社を建立することが決まり、一八七二（明治五）年には、完成した東京招魂社で、盛大な招魂祭が営まれた。

また、一八七五（明治八）年には全国の招魂社に祀られている殉難者が東京招魂社に合祀され、招魂社の統合がはかられた。西南の役（西南戦争、一八七七年）を経た一八七九（明治十二）年には、東京招魂社が靖国神社と改められ、別格官幣社に定められたのである。

靖国神社で祀られるのは戦没者の霊魂であり、個々の戦没者の墓は国家から埋葬料を支給されてその遺族が建立することになる。

ここで重要なことは、戦没者の慰霊が一般の墓地空間から隔離され、靖国神社に祀られていることである。歴史を刻んできた死者たちが、一定の墓地空間のなかで共住するのではなく、分断されているのである。

ヨーロッパをモデルとした公園墓地――多磨墓地の形成

一八八九（明治二十二）年、東京市は、「市区改正設計」を発表し、市街に接近して千坪未満の小墓地の移転を計画する。一九〇三（明治三十六）年にも「市区改正新設計」にも「東京市街ニ散在スル墓地ハ特別ノ由緒アルモノノ外漸次移転セシムルモノトス」として、市街区域の墓地の郊外への移転を計画していた。これらの「市区改正設計」は、都市計画法の前身ともいうべきものであったが、寺院墓地の整備は遅々として進まなかった。

本格的な都市計画に基づいた墓地の建設計画が策定されるのは一九一九（大正八）年四月五日の「都市計画法」制定後のことである。当時、東京の人口は急激な増加の方向にあった。一八八九（明治二十二）年の東京市の人口は約百三十七万六千人であったものが、一九一九（大正八）年には約二百三十六万人にまで増加していた。

東京市の急激な人口の増加は墓地不足をもたらすことになり、また他方では市街区域の墓地、特に寺院墓地が都市計画上問題とされてきた。新しい墓地の確保の要求を背景にして、一九一九（大正八）年六月には「東京市墓地並施設設計計画案」が作成され、墓地予定地を市外多磨村（現・府中市多磨町）に定めた。翌一九二〇（大正九）年に約三十万坪の面積をもつ「東京都市計画事業多磨共葬墓地」計画が東京市で決定され、同年末には内閣の許可を受け、正式決定された。これが多磨墓地（現在の多磨霊園）の建設経過である。

多磨墓地を有名にしたのは、この墓地が日本最初の都市計画事業として立案されたことであり、日本ではじめての「公園墓地」として建設されたことである。この計画立案に携わったのが後に公園課長となった井上清である。彼は欧米の公園墓地の資料を取り寄せ、特にドイツの公園墓地をモデルとしたと言われている。

ヨーロッパでは、十九世紀をつうじて墓地の景観が大きく変わっていた。教会から分離された墓地は、都市郊外に〈庭園墓地〉として建設されていた。墓地の設計が建築家に委ねられ、十八世紀にイギリスで流行した公園の造園技術が墓地に応用されていた。

井上清が描いた公園墓地は十九世紀をつうじて欧米で展開された墓地造園論の延長にあるものであり、念頭においたのがドイツの公園墓地であるとされる。そのモデルになったのは、おそらく一八七七年に開園されたハンブルクのオーストドルフ中央墓地であったのであろう。

多磨墓地の開設は一九二三（大正十二）年四月である。同年九月には関東大震災があり、市内の多くの寺院も被災し、関東大震災の震災復興事業として寺院墓地の移転が計画されたが、わずかに十四ヵ寺だけが移転したにすぎなかった。多磨墓地には、一九二六（大正十五）年に移転に応じた寺院の檀家にだけ使用を認める、寺院専属区画が設けられた。

また、ヨーロッパの墓地に倣《なら》ったものであるのか、国家的功労者を埋葬する「名誉霊域」と呼ばれる区域も用意された。しかし、ここには東郷平八郎、山本五十六、古賀峯一の三軍人の墓所があるだけである。一九三四（昭和九）年の東郷平八郎の多磨墓地への埋葬は多磨墓地の名前を有名にしたが、前にみたウィーン中央墓地の顕彰墓碑に比べてみても、「名誉霊域」としての規模はきわめて貧弱である。

このようにヨーロッパの墓地を模倣して造園した墓地であったとしても、多磨墓地もまた社会の歴史を刻むような墓地になっていない。多くの死者は社会から分断された家墓に埋没したままである。

名古屋の平和公園（墓地）

日本で、墓地のなかに社会の歴史を刻もうとした墓地は、私の知る限り、戦災復興事業として名古屋市に建設された「平和公園」である。

「平和公園」（墓地）は、第二次世界大戦による名古屋市の罹災区域内の二百七十九ヵ寺の墓地の移転を目的として設けられたものである。戦災復興事業のもとでの都市計画では、寺院墓地をそのまま維持することは区画整理に重要な支障をきたすことになるので、これら寺院の墓地の移転を計画し、この墓地が設けられたのである。開園当時、移転に応じたのは二百七十九ヵ寺のうち二百七十七ヵ寺の墓地であり、現在ではこのすべての移転が完了している。このような大規模な墓地の移転は日本ではほかに例をみないであろう。

さらに、この新しい墓地のなかには、いくつかの施設が設けられた。この施設が名古屋市の歴史を刻むことになる。

一つは〈平和堂〉の建設である。これは、墓地移転の供養、戦争犠牲者の供養、日中戦争による敵味方双方の戦死者の冥福を祈り、日中親善に役立てることを目的として設けられた。歴代市長の像（現在は平和堂のなかに移されている）、献体をした人々の慰霊塔も建立されている。このほかにも、平和の犠牲者・郷土の恩人の霊を祀るものとしての〈平和塔〉、さらには「郷土の恩人の遺徳、業績を顕彰し史実の保存と文化振興に資する」ことを目的として〈名家墓地〉が設けられる計画があったが、実現していない。

また、この墓地のなかには、伊勢湾台風の殉難者の碑も建てられている。さらに、平和公園墓地は、単なる墓石の集積場ではなく、市民の憩いの場所として開放する趣旨をもって設計されており、まさに市民とともに名古屋の歴史をこの墓地のなかに刻み込もうとする配慮が感じられる。

「平和公園」の建設は、日本の墓地の歴史のなかで画期的な出来事であったと思われる。それは寺院墓地を一ヵ所に集めたというだけではなく、なお不充分であるとしても、その社会の歴史をこの墓地に刻み込もうとしているからである。しかし、このような墓地は、まだ日本のなかでは例外にすぎないであろう。

家の枠組みに閉じこめられた死者

これまでの多くの墓地は、それが寺院墓地であれ、ムラ墓地であったとしても、家の枠組みに閉じこめられ、家を単位として構成されてきた。社会が家を単位として構成されてきたのと同様に、墓地もまた家を単位として区画され、まさに家連合として構成されてきた（もちろん、第三章で述べるように、そうではない墓地もある）。

明治民法（一八九八《明治三十一》年施行）が墳墓の継承を「家督相続の特権」として位置づけたとき、墳墓は家に帰属するものであると、多くの人々は信じた。近代日本の国家もまた死者への供養や祭祀は第一次的には家がおこなうべきものであるし、家が継承すべきものであると考えた。また、国家に忠誠を尽くした人々——それは天皇のために死んでいった人々であるが——は、特別に祀るべき人間として、その霊魂だけを一般の墓地から分離して祀ることになった。

公営墓地が建設されてきても、この事情は変わらなかった。公営墓地はその経営主体が公営であるというだけであって、それぞれの墓所の区画は、永代にわたって家が継承すべきものとして考えられてきた。墓地の景観を維持するために、墳墓の形を制限したり、一区画（一墓所）一墓碑という原則を定め、一定の規制をおこなったとしても、墳墓の所有権は家に帰属し、墓所は私的な空間としてそれぞれの家の祖先祭祀の場であった。公営墓地は、単に家の私的な祭祀を提供する場として設けられたにすぎない。

死者たちを私的な空間のなかに閉じこめたときに、同時代を生き、歴史を刻んできた人々と共同の墓地空間のなかで眠るという発想は生まれてこない。ここにヨーロッパと日本の違いがある。

死者祭祀——ヨーロッパと日本

キリスト教（＝ヨーロッパ）社会と日本社会のこのような差異は、おそらく次のようなことによって規定されている。

ヨーロッパ社会では、キリスト教の受容とともに、個々の家族から祖先祭祀の機能が解除され、死者はずっと教会に委ねられてきた。教会が巨大な墓場になり、死者への祈りは教会でおこなわれた。十八世紀以降の死者と教会の分離は、ヨーロッパに新しい形態の墓地をつくり出したが、それは、墓地を提供するという仕事を、公的な自治体が教会に代わっておこなうことを意味していた。

したがって、ヨーロッパ（少なくともドイツやオーストリア）では、特殊な例外を除けば、個人が私的に所有する墓地は存在しない。墓地はすべて、教区教会あるいは地方自治体という共同体（Gemeinde）の所有であり、公法上の施設として建設された。

ヨーロッパ近代の墓地は、公共空間として設定された。死者がそこに眠っている限りにおいて、公開された空間（＝公園）とは区別されたが、それは公共の施設として管理された。

墓地は、かつてその社会を構成した人々が眠る〈死者の住処〉であり、「死者の村」あるいは「死者の都市」として、死者たちが生きた時代を墓地のなかに刻み込むのは、当然の成り行きであった。日本でも、仏教が死者の救済を引き受けるようになったが、それは徹底しなかった。したがって、墓地もまた、一部においては、仏教寺院のなかに設けられたが、その多くは村有地や私有地のなかに設けられた。

さらに、家観念の形成は、死者の祭祀を家の重要な役割として位置づけた。家の存続は、かつて家をつくり、家を維持してきた人々、すなわち祖先の祭祀を続けるためにも必要であり、その継承者を確保することが子孫の責務として必要なことであると考えられた。ここでは、仏教は家の祖先祭祀に彩《いろど》りを与えるものになってしまった。

近代の公営墓地の建設も、この枠組みを根本的に変更したものではなかった。公営墓地は、個々の家の祖先が眠る場を提供したにすぎない。公営墓地はこれ以上のものを提供する必要はなかった。墓地の一区画を個々の家に提供し、個々の家の責任において永代にわたって管理してもらえればよかった。さらに、戦没者の祭祀は国家祭祀の枠組みのなかに位置づけられ、墓地から分離された。同時代を生きた人々は分離され、なお家の枠組みに閉じこめられたままである。

しかし、日本でもヨーロッパでも、死者にたいする慰霊形態は変化しつつある。これにともなって、墓の形態も変化している。この問題は第六章で述べることにしよう。

まず、私たちは、墓地がそもそもどのような空間としてみなされてきたか、その変化と多様な形態についてみていこう。本章で述べた近代の墓地が、どのようにして形成されたものであり、それがどのように変化しようとしているのか、それがこれからの課題である。

第二章　墓地空間

1　生者と死者の分離

生者の世界から分離された死者

墓地を都市や集落の周縁に設けるということ、つまり死者の世界を生者の世界から空間的に分離することは、それが普遍的であったとは言えないにしても、多くの社会でみいだすことができる。

縄文時代の墓地は、集落の一部あるいは隣接地に設けられ、埋葬の場所を集落から分離するような意識は認められないとする見解が多い。しかし、弥生時代にはいると墓地は集落から分離されてくる。考古学者の白石太一郎によると、埋葬地の集落からの分離がはっきりするのは古墳時代であり、奈良時代から中世に至るまで、特殊な例を除くとするならば、一般に墓地は集落から隔離されていたようであるとする（「考古学からみた日本の墓地」『墓地』所収）。

六四六（大化二）年三月のいわゆる「薄葬《はくそう》の詔《みことのり》」は、殯《もがり》（本葬の前に、一定の期間死者を安置すること。またはその施設）を禁止したものとして有名であるが、ここには「庶民亡《うし》なむ時には、地に収め埋めよ」とし、さらに「凡そ、畿内より諸の国等に及《いた》るまでに、一所に定めて、収め埋めしめ、汚穢《けがらわ》しく処々に散し埋むること得じ」と規定している。葬地を定めよということの規定は、死の穢《けが》れの拡散を避けようとしたものと理解されるであろう。

さらに、大宝の「喪葬令《そうそうりょう》」は、「凡そ、皇都及び道路の側近に、並びに葬り埋むる事を得ざれ」として、皇都（天皇のいるところ）とその延長としての道路に埋葬することを禁止していた。実際、平城京のなかでもその当時の墓地は発見されていないし、平安京のなかでも事情は同じである。墓地は都の周縁に設けられたのである。

九世紀後半には鴨川や桂川近くと思われる河川二ヵ所が庶民の葬地として定められたことが知られているし、さらに洛西の化野《あだしの》や洛東の鳥辺野《とりべの》が二大墓地として形成された。都の周縁の山野や河川が墓地として設けられたのである。天皇陵もまた平安京の外に設けられていたし、さらに藤原氏も都の中心部から離れた宇治の木幡に墓地を定めている。

このような事情は鎌倉時代に至っても変化はない。『徒然草』のなかで「あだし野の露消ゆる時なく、鳥辺山の煙立《けぶりた》ち去らでのみ住みはつるならひ」（第七段）とか、「都の中に多き人、死なざる日はあるべからず。一日に一人、二人のみならむや。鳥部野、舟岡、さらぬ野山にも送る数多かる日はあれども、送らぬ日はなし」（百三十七段）と述べるとき、京の都の埋葬地がなお化野・船（舟）岡・鳥辺（部）野にあったことがわかる。

また、大規模な中世墓地として注目されている静岡県磐田《いわた》市の「一の谷墓地」も都市周縁に設けられたものである。この地は平安中期以来の遠江国府《とおとうみこくふ》の地であり、十世紀末にはこの「一の谷墓地」が設定されていたとされる。その後、鎌倉時代には守護所ともなった遠江見付という地方都市の外接付属墓地として、そして室町・戦国時代には見付自治宿町《みつけじじしゆくまち》の町人たちの共同墓地へと展開してきたとされている。この墓地空間について、中世史家の義江彰夫は次のように論じている。

当時の国府西端と考えられる蓮光寺辺から、死者葬送の道である化粧坂が北々西にのび、やがて西方向に折れ、三途の川と見立てられた水堀川を渡るところに墓地と来世を管理する護世寺（後世寺）が建ち、それをこえると無数の墳墓でおおわれた一の谷墓地の小丘陵に到達する。こう復元すると、当時同墓地は意図的に死者の住まう来世として、国府見付の外側に、両者を繋ぎ、切断する道や川や寺院を介して設置されたものであることが鮮やかに浮かび上がってこよう。（「中世都市の共同墓地と親族構造試論――静岡県磐田市一の谷遺跡の発掘を素材として」『比較家族史研究』三号所収）

集落の周縁に墓地を設けること、生者と死者の空間を分離することは、近世以降の両墓制《りようぼせい》の埋葬地（第三章の2「ミバカ＝埋墓」を参照）のなかにもみられる現象である。なぜ墓地空間が生者の世界から分離されたのか、まずこの問題から考えてみることにしよう。

死穢の忌避

なぜ死者は集落の外、周縁に葬られるのかという問題は、これまで、いくつかの説明が試みられてきた。その代表的なものは、遺体を埋葬（あるいは遺棄）する場は死によって穢れた場であり、その死穢を忌避するために埋葬地が集落から切り離されるとするものである。死穢を忌み恐れるのが古来の風習であるとしたのは柳田国男である。そして、この死穢とのかかわりでしばしば引用されるのがイザナギ・イザナミの神話である。

イザナミが葬られたのは、出雲と伯耆《ほうき》の国の境にある比婆《ひば》の山である。この境界領域に黄泉《よみ》の国があり、イザナギはこの黄泉の国を訪れるのである。イザナギがそこでみたものは、イザナミの身体から膿《うみ》がわき、蛆虫《うじむし》がたかっているようすであった。このようすを「不須也凶目き汚穢き国」《いなしこめきたなきくに》と表現する。民俗学者の宮田登《みやたのぼる》によると、死の穢れは死そのもの、いわゆる「絶気」（「気」の消滅）からはじまるとしてもそれによって直ちに「汚穢《おわい》」あるいは「不浄」が生じるわけではなく、肉体の腐敗をつうじて「死穢不浄」という観念が生じるとする（『神と仏――民俗宗教の基本的理解』日本民俗文化大系4）。

死穢に触れたとき、不浄から逃れてその祟《たた》りに対抗する手段としてあるのが、一つが物忌みであり、もう一つがイザナギが河原でおこなったような祓《はら》いである。近親者が死亡したとき私たちが喪に服するのは前者であり、葬式から帰ってきたとき塩をかけるなどさまざまな方法で清めるのは後者の例と言えるであろう。

死穢が発生したときは、死穢の発生の源を現世から隔離し、絶縁しなければならない。したがって、遺体が置かれる空間（＝墓地）もまた死穢の場として、現世から隔離・絶縁しなければならない。

墓地は、しばしば「あの世」との境界といわれたり、「あの世」への入り口であるといわれる。このような、現世との隔離を前提とした枠組みのなかで墓地が形成される。

そして、この世での死者の出現から死者の世界に定着するまでの間、それが遺体が腐敗し骨化するまでの期間であるとすれば、この移行・浮動期間こそが死穢のもっとも危険で脅威に満ちた状況であることになるだろう。

境界領域としての墓地

しかし、「あの世」の世界が死穢の場としてのみ意識されていたわけではない。歴史学者の岡田重精によると、死者の世界が安定した状況に置かれたとき、その世界は、「聖なるもの」へ転化するという。

岡田の言うように、「死の世界が隔絶され整序されて彼方にあるときそれは安定した世界と位置づけられる。それゆえ死者は聖なる座に安置されることが望まれる」(『古代の斎忌――日本人の基層信仰』)とすれば、死穢は生者の世界と死の世界の境界領域において発生するのであり、墓地もまたその境界領域として、その二つの世界の交流がおこなわれる空間であるといえる。

墓地を「穢れの場」とすることと「聖なるもの」とすることは、それ自体としては矛盾するものではない。死者にたいする畏怖は、その非日常的な力のゆえに、一方では忌避するものであるとしても、また他方では崇拝の対象としても存在する。このような多義的な意味をもつ空間（つまり、両義的な空間）は、しばしば文化人類学のなかで論じられるように、境界領域の特徴なのである。

もっとも、日本においては、墓地が不可侵の空間とみなされたとしても、それがただちに「聖なる空間」として、祭祀の対象とみなされたわけではなかった。歴史民俗学者の田中久夫によると、本来遺体は遺棄されるものであり、したがって墓地も遺体の置き場・捨て場であり、墓地で死者を祀る習俗はなかったという。

また、高取正男も、大和朝廷以来の政治をもってまつりごととする、祭政一致の延長線上に律令政治を運用してきた平安貴族は、「死穢にたいする過敏症」であり、死者や墓地を祭祀の対象にすることはなかった、としている（『民俗の日本史』）。

高取正男は、そもそも庶民階層では死穢についての意識が希薄であり、穢れそのものが天皇制支配のもとで強化され、秩序づけられ、体系化されたものであることを指摘する。したがって、墓地が祭祀の対象となるためには、まつりごとの枠組みから切り離され、私的な領域に組み込まれる必要があった。この点については、本章の2で改めて述べることにしよう。

墓地が「死穢の場」であるにせよ、「聖なる場」であるにせよ、その空間（＝墓地）は、生者の世界から干渉されない空間であることを意味した。したがって、墓地は、生者の世界から触れることができない空間として、生者の世界から切り離されたのである。つまり、死者は生者の世界から遠く離れた空間に葬られたのである。

無所有の空間としての墓地

墓地が都市の周縁に設けられたのはキリスト教受容以前のヨーロッパでも同じである。古代ローマの「十二表法」は「死者は都市内部に埋葬または火葬してはならない」と規定したし、実際ローマのアッピア街道沿いのチェチェリア・メテルラやポンペイのイチェラの門外にある埋葬地のように、死者は都市の城壁の外に葬られ、特に名もない人々は都市の外に捨てられるように埋葬されたという。死者の世界と生者の世界が分離し、墓地が設けられた都市の城壁の外の状況を、アリエスは「一種の半野蛮状態が支配していた」と述べている（『図説　死の文化史』）。

このアリエスの指摘は重要である。ここで「半野蛮状態」というのは生きた人間の支配が及ばないワイルドネス（wildness）な世界であり、そのワイルドネスな空間に死者は埋葬されたのである。このアリエスの指摘は、柳田国男の次のような指摘とも関連する。

今日の語でいう共同墓地、以前には三昧《さんまい》とも乱塔場《らんとうば》とも呼ばれていたものの主たる特徴は、土地が公用公有であって、何人の管理にも属しなかったことである。（「葬制の沿革について」）

墓地空間が「誰の管理にも属しない」という理解は、いわば無所有の状況にあり、自然状態であるがゆえに、そこでは野蛮状態が支配することになる。このような無所有の状態からその〈場〉に特殊な意味づけをおこない、「無縁《むえん》」の概念を提示したのは、中世史家である網野善彦である。

網野は、鳥辺山・蓮台野などのように、古代以来、墓所は山中あるいは山麓に設定されるのが常であるとしたうえで、この場もまた「無縁」の場であるとしている。ここでいう「無縁」とは、中世社会の一定の権力体系の存在を前提とし、そこから切り離された、あるいはその権力が及ばない〈場〉である。その意味では、未開社会の「無所有」の状態（彼のいう「原無縁」）とは区別された社会での「無縁」であり、未開の状況とは区別された「アジール（避難所）」としての墓地である。

さらに、この無縁の場と「穢」との関連について次のような指摘をしている。

「穢」と「無縁」の場、あるいは「無縁」の人々との間に、なんらかの関係があったことは事実であり、それを意識的に結びつけようとする見方が、当時の社会の上層部の中に、強く働いていたことは、間違いないこととといえよう。（『無縁・公界・楽――日本中世の自由と平和』）

ここでは、網野は、「穢」という観念が権力体系のなかに組み込まれてきたとき、境界領域にある混沌とした秩序を純化あるいは分化させ、まつりごとから穢れあるいは穢れに携わる人々を排除する新たな区別、あるいは差別が形成されることを暗示している。

もっとも、彼が「無縁」という概念によって強調したことは、権力体系から離れて存在する「場」と「人」であり、そこに形成された〈自由〉な空間である。墓地もまたこのような空間であった。「無縁」の空間が権力体系から〈自由〉であること、まつりごとから排除され、誰の管理にも属さない空間であったこと、それゆえに、無縁の〈場〉は租税が免除されるのである。現在でも、墓地には課税されていない。なぜ墓地が無税地であるかという問題は、この文脈のなかで考えなければならない問題である。

2　都市、居住空間のなかへはいってきた墓地

死者祭祀と宗教

埋葬地を集落の周縁に設けるということ、死者の世界を生者の世界から隔離するという習俗は、多かれ少なかれ世の東西を問わず、どこの地域にもみいだされるものである。しかし、特定の宗教が死者の祭祀を引き受けたとき、墓地は都市・集落のなかに組み込まれてくる。

ヨーロッパでは、聖人の墓地に教会が建てられたものであり、教会と墓地とは深く結びついていた。一般の人々がこの聖人たちと一緒に葬られることを望んだとき、教会と墓地の区別はなくなったといえるであろう。

つまり、キリスト教を受容したヨーロッパでは、聖人崇拝、あるいは聖人の側《そば》で復活を望むという信仰が教会のなかに死者を受け入れ、教会（＝キリスト教）が「死者の世界」も引き受けたのである。そして、教会が都市空間のなかに組み込まれることによって、必然的に墓地もまた都市空間のなかに

組み込まれることになった。

墓地が都市空間のなかに組み込まれる過程は、宗教の受容の仕方が日本とヨーロッパでは大きく異なっているとしても、一種共通した側面をもっている。というのは、日本においても仏教における浄土思想の展開が寺院と墓を結びつけていったからである。

わが国で墓地空間へ寺院を建立した例としてよく知られているのは、藤原氏の宇治木幡に設けた浄妙寺であろう。この浄妙寺を建立したのは藤原道長であるとされている。この浄妙寺が建立されるまでの木幡については、次のような記事が残されている。

　真実の御身を斂《おさ》められ給《たま》へるこの山には、ただ標《しるし》ばかりの石の卒塔婆《そとば》一本ばかり立てれば、又参り寄る人もなし。（『栄華物語』）

この文から、墓地の荒涼とした風景がよく伝わってくるが、この地に道長は浄妙寺を建立したのである。この寺院（一般的に「墓寺《はかでら》」と呼ばれる）の建立は次のような重要な意味をもつであろう。

第一は、従来の寺院は、いわば護国法会《ごこくほうえ》を営む場所としてあったのが、人の死や葬送に携わる場として建立されたこと。高取正男の表現を借りるならば、寺院が国家の政治、まつりごとから離れ、一定の個人やその人の属する私的な家門のもとに転化したことである。つまり、私的な寺院（いわゆる「氏寺《うじでら》」）が一定の死者やその人の属する家門の供養の場として建立されたのである。

第二は、その私的寺院が墓地に設けられたことである。もっとも、私的寺院が建立される前でも、一族の埋葬地（＝墓地）が藤原氏の木幡、源氏の白河のように一定の場所にまとまって設けられていた。この意味では、墓地空間を私的に占有する観念はすでに貴族などの上層階層のなかで形成されていた。そのことがただちに墓地を祭祀の対象としたわけではないとしても、その墓地への寺院の建立は、少なくとも墓地の整備あるいは墓地への参拝（墓詣り）の習俗を生み出すことになった。

実際、道長の子頼道は一〇六二（康平五）年に墓詣りをし、先祖の菩提《ぼだい》をとむらっている。この新しい墓詣りの慣習は、「墓地は先祖が眠っている場である」というこれまでにはなかった新しい観念を生み出すことになるだろう。

第三は、死穢の観念の変化である。そもそも穢れの概念が国家のまつりごととの関連のなかで忌避されているとすれば、国家祭祀から分離された一族あるいは家の死者祭祀は私的な祭祀として許容されることになる。このような私的領域においては、死穢の対象とされてきた遺体が忌避の対象となることはない。

納骨信仰――高野山納骨

遺骨や遺体が都市や集落の空間のなかにはいってくるには、遺体や遺骨についての観念の変化が必要であった。遺体や遺骨が忌避の対象とされている限り、都市や集落の空間内にはいってくることはないであろう。この変化の兆しは、やはり仏教と葬儀が結びつくこと、寺院への納骨の習俗のなかに現れる。

たとえば、高野山納骨である。平安時代の末、十二世紀のなかばに高野山納骨をおこなった事例がすでに報告されている。

その一は「御室《みむろ》」（覚法法親王《かくほうほっしんのう》）が嵯峨野で火葬に付された後、あらかじめ（生前に）高野山につくっておいた御塔《みとう》へ納骨した例（『兵範記』仁平三〈一一五三〉年十二月八日）である。

その二は、納言の母と呼ばれる人物の周忌の法要が営まれ、その後、高野山に一間四面堂を建て、そのなかに安置した大日如来のなかに納骨をした例（『山槐記』保元三〈一一五八〉年八月二十一日）である。

その三は、美福門院は火葬に付された後、鳥羽の東殿の御塔に納骨されていたが、遺言によって高野山へ納骨されることになった例（『山槐記』永暦元〈一一六〇〉年十二月六日）である。

これらの例から、高野山納骨が平安時代末期にはじまることがわかる。田中久夫によると、高野山納骨は、鎌倉時代にはいって流行し、それが全国各地に、また庶民階層にまで、しだいに広がっていくとする。

高野山納骨にみられる納骨信仰の形成は、遺骨についての観念の変化を前提としている。つまり、遺骨が一定の場所に納められ、供養されることによって、死者の救済がなされるのである。

死者救済を仏教思想が担うことによって、遺骨尊重の観念が形成され、仏教思想の普及とともに、納骨信仰が多様な形で展開した。たとえば、浄土真宗の大谷廟《おおたにびょう》への納骨は現在に至るまで広くおこなわれている信仰であり、一部の門徒宗《もんとしゅう》の大谷廟への納骨と末寺への納骨が、個別的な「家」の墓の形成を阻止してきた地域もある（第三章の4を参照）。

また、納骨信仰が分骨の習俗を生み、長野の善光寺、津軽の恐山円通寺《おそれざんえんつうじ》、常陸の常福寺、熊野の妙法寺、大和の長谷寺、出雲の鰐淵寺など、さまざまな地方の寺院にも納骨信仰が広がっていく。

このような納骨信仰は、死者の救済を担ったヨーロッパのキリスト教教会への埋葬と比較され得るものであろう。しかし、日本では死者救済を引き受けた仏教がこのような納骨信仰を形成し、あるいは寺院墓地を形成していったとしても、死者の祭祀を全面的に寺院（仏教）へ委ねることにはならなかった。系譜性を重視する家の形成は、家の構成員としての死者（＝祖先）の祭祀を家の重要な役割として位置づけていったのである。

浄土思想の浸透

藤原道長が宇治の木幡に浄妙寺を建立したのは、道長自身が浄土思想に帰依し、誰よりも極楽浄土への往生を望んだからといわれている。彼は、この落慶供養に際して「只この山に座す先考先妣《せんこうせんぴ》及び昭宣公（藤原基経）を始め奉り、諸亡霊無常の菩薩のために、今後従い来る一門の人々の引導娯楽の為なり、心中清浄にして願わくば釈迦大師普賢菩薩自ら証明し給え」（『御堂関白記』）と願いを述べている。ここには浄土来世思想と一族の祭祀（＝祖先祭祀）がなお未分離のまま結合している。
歴史学者の和歌森太郎は、藤原道長の浄土への希求を次のように評した。

　人生限り有り、絶対の満足をこの世に求めきることは難い。されば進んで死後における絶対の極楽往生、浄土へ引導されることが欲求される。現世的要求の傍には、必ず来世安楽往生の保障が添えられねばならぬ。（『国史における協同体の研究』和歌森太郎著作集第一巻）

浄土思想の浸透は、一方では貴族階層や有力な武家階層で先祖の菩提をとむらうための氏寺の建立を流行させるが、他方では個々の死者にたいする卒塔婆を埋葬地に立て、石塔を建立することを広めていった。五輪塔《ごりんとう》や宝篋印塔《ほうきょういんとう》などが墓地に建立されるようになるのは平安時代末期以降であり、鎌倉時代以降になって急激に増加するのである。

このような卒塔婆や石塔の建立はそれ自体としては「祭祀」を目的としたものではなく、死者の追善供養を目的としたものである。もちろん、自らが生前に建てた逆修墓であるケースもあったかもしれないが、これらの施設は死者の極楽往生を願うものであった。

墓地に石塔を建立するのは、死者の供養であり、それは宗教上の行為としての供養であった。したがって、墓碑は死者の記念碑でもなければ、死者を祀るものでもなかった。民俗学者で石塔に詳しい土井卓治はこれを次のように説明している。

　死後極楽に生れても、そこで修行を経なければ仏にはなれない。いわば修行の援助のため遺族が塔婆を立て追善供養するのである。中世以前の五輪塔に戒名もなく死亡年銘もないのが多いのは、それが故人の記念碑でなくて、立ててあげることが供養であったからである。(「葬りの源流」『太陽と月』日本民俗文化大系2)

鎌倉時代以降、多様な形態の石塔墓が建立される。五輪塔、層塔《そうとう》、宝篋印塔、笠塔婆《かさとうば》、無縫塔《むほうとう》、板碑《いたび》などである。このような石塔の種々の形態がどのような意味をもつかは、私の関心問題の外にあり、ここではこのような石塔(石卒塔婆)が、梵語《ぼんご》のストゥーパに由来するものであり、仏教に端を発するものであるということを確認しておけばよいであろう。

庶民階層の石塔

庶民階層では、石塔の建立がいつの段階で普及するのであろうか。庶民階層の石塔の建立については、それほど実証的な研究が積み重ねられてきているわけではないが、竹田聴洲が奈良県山辺《やまべ》郡都介《つげ》野《の》村(現・都祁《つげ》村)吐山《はやま》でおこなった調査が参考になる。この地域は両墓制が分布する地域であり、したがって、石塔が建立されている土地は埋葬地ではない(この地域の両墓制の習俗については、私たちの調査に基づいて、第三章の1で述べることにしたい)。

竹田聴洲の調査によると、この吐山では中世段階の石碑が十八基残されている。十八基のうち十二基までが長野垣内《かいと》の春明院《しゆんみよういん》にある。

春明院はこの地を支配していた豪族吐山《はやま》氏（現・向井家）の氏寺であった。吐山氏の石碑（詣墓《まいりばか》）は個人墓が中心であるが、他の石碑は一つを除いて庚申あるいは念仏の結衆の共同の供養墓（碑）である。これらの供養墓は、今では垣内の垣内寺に建立されている（ただし、祈禱寺として建立されていた城福寺には供養墓は建立されていない）。

垣内寺は垣内の人々の菩提寺として建立されたものである。垣内の供養墓はその役割を垣内寺に委譲し、垣内寺に吸収される形でその側《そば》に移転された。

ここでは次のことを確認しておけばよいであろう。

吐山においては、十六世紀になると農民のなかでも供養碑として石塔の建立がみられるようになる。しかし、それは「個人墓」でも「夫婦墓」でもなければ、ましてや「家墓」でもあるはずがない。講衆という形で垣内の人々が、共同で一つの供養墓を建立しているのである。このような形態の供養墓が両墓制における「詣墓」の原型を示しているのであろう。墓が家に帰属するにはまだ多くの時間が必要であった。

竹田聴洲の整理も引用しておこう。

各垣内戸のおそらく全部もしくは大部分を以て結成された庚申講や念仏講の講衆が、相寄り共同で一基の庚申地蔵碑や念仏供養塔を村の辻または境など垣内村落のしかるべき場所に設定するというのが、大ていの垣内村における石碑初建の最も一般的な形であった。（『民俗仏教と祖先信仰』）

村の辻や境にこのような供養墓が建立されたことについて、竹田はそこが冥界への通路であるという解釈をしている。あるいは、村の辻や境が野辺送りのはてであったのであろう。

現在、垣内寺にこれらの供養墓は移され、かつてはこの垣内寺に聖《ひじり》や尼が住むこともあったという。垣内寺は村人の先祖の菩提をとむらう場所であり、集会所である。この側にはその垣内の人々の詣墓が建立されている。村人の居住空間のなかに墓地がはいってきたのである。

都市（集落）空間のなかにはいってきた墓地

都市空間のなかに墓地がはいり込む条件は、中世社会をつうじて整いはじめた。

まず、仏教が死者の救済、葬儀に関与するようになってきたことである。平安時代末期には貴族階層のなかで墓地に寺院を建立しはじめたし、鎌倉時代にはいると武家階層も先祖の菩提をとむらう氏寺を建立していた。庶民階層のなかではまだ墓を建立することはなかったにしても、空也《くうや》上人《しょうにん》のように念仏を唱えながら無縁の遺骸を集めて火葬に付し、そこに卒塔婆を立て、浄土教にかかわる僧や聖たちが回向をしてまわった。

また、三昧聖《さんまいひじり》と呼ばれる僧たちが直接葬儀に携わるようになった。このような僧たちが埋葬地に庵《いおり》を建て、それが寺へ発展する姿もみられるようになってくる（いわゆる「墓寺」の誕生）。このような仏教、特に浄土思想の浸透は墓地の景観それ自体を変えていった。

墓地景観の変化は次のような現象として現れる。

まず、墓地への石塔の建立である。石塔は死者の供養のために建立されるものであり、遺族たちは死者への功徳をほどこすために石塔を建立し、死者のために墓前で法要をおこなった。この石塔の建立をつうじて、墓詣りの習俗も形成されていく。と同時に、死者への供養が浄土思想に基づくものである限り、仏教寺院への石塔の建立が求められることになり、したがって寺院境内のなかに墓地が形成されていくことになる。

さらに、遺骨（遺体）に関する観念の変化にかかわる問題である。墓地へ寺院や石塔を建立すること、そして、それを参拝をすることは、それは同時に遺体・遺骨への参拝を意味していた。少なくとも遺骨への忌避感覚をそこにみることはできない。

平安時代末期には高野山への納骨がはじまっていたことはすでに述べたが、〈清浄なる空間〉としての高野山への納骨は、遺骨を穢れたるものとして忌避する感覚がすでに欠如していることを意味している。このような遺体（遺骨）にたいしての観念の変化は、都市（集落）空間から墓地を排除する理由をなくした。

都市空間のなかにいつの段階で墓地が組み込まれてくるのか、その時期は必ずしも明らかになっていない。中世史家の石井進によると、十四世紀後半から十五世紀半ば頃の集団墓地が鎌倉の長勝寺《ちょうしょうじ》遺跡から発掘されている。そこは、大町大路《おおまちおおじ》沿いで鎌倉時代後期には市場が開かれていた場所と推定される、という。

また、平安京のまんなか、下京の町のやや北はずれに位置する場所から、集石墓・土壙《どこう》墓数十基が発掘され、その時期は十五世紀後半から十六世紀と推定されている。また、応仁の乱以降になると、洛中の寺院の境内で墓地を経営する例は、いくつもあるとされている。

寺院の境内墓地に墓石が林立しているのは、現在でもいたるところでみることができる景観である。この寺院が都市空間のなかに組み込まれているとすれば、墓地もまた都市のなかに組み込まれることになる。都市空間に組み込まれた寺院と境内墓地という関係は、中世に端を発し、近世に至って一般化し、現代に至るまでその関係が維持されるのである。

3 屋敷墓

生者と死者の共住

屋敷内や屋敷付属の土地に墓が設けられているとき、そのような形態の墓を一般に屋敷墓と呼んでいる。これまで述べてきた墓地は、居住空間から死者を分離し、生者の領域から死者を排除していたのにたいし、屋敷墓は生者の領域から死者を排除せず、生者と死者が同一の空間のなかに共住することを意味している。

生者と死者の居住空間の分離と共住というまったく対立した関係を、発生的な起源が異なった墓地の類型としてとらえるか、あるいは歴史的な発展段階（進化）の差異としてとらえるのか、残念ながら定説はない。

すでに、特定の宗教が死者の救済を引き受けることによって、死者が生者の居住空間のなかに組み込まれてくることは述べた。しかし、宗教が死者の救済を引き受ける以前の段階で、死者は常に共同体から排斥されていたのであろうか。

古代ローマにおいても、「十二表法」が墓地を都市内部から排除することを規定していたが、クーランジュがすでに『古代都市』のなかで指摘しているように、屋敷地内に墓地を設けることがあった。たとえば、次のような記述である。

母屋のそとには、すぐちかくの畑に、墓がある。それは家族の第二の住所である。そこには累代の祖先がうちつどっていこっている。死も彼らを分散することなく、彼らは他界の生活でも群れをなして、はなれられない一家族を構成している。……

古代にあっては、墓は各家族の所有地のなかにおかれた。しかも、……墓は宅地の中央、戸口からあまり遠くないところへきずかれた。こうして祖先は家族のあいだに現存していた。祖先は目にこそみえないが、つねに家族内にあって、生前と同様に家族の一員であり、その父であった。

死者と生者が共住する観念は、古ゲルマン社会にもみいだすことができる。「生者も死者も同じ氏族のなかで生きていた」と論じているのは阿部謹也であるが、古ゲルマン法においては、その社会のなかで、死者も生者と同様の権利を有していたことはよく知られている（『西洋中世の罪と罰』）。

このような死者と生者の関係は、祖先祭祀（Ahnenkult）の観念によって氏族あるいは家族が統合される社会においては顕著にみられるものであり、ここでは祀るべき死者と「他の死者」とは明確に区別され、「他の死者」は排斥され、恐れられた。

もっとも、古ゲルマン的な観念が古ヨーロッパにおいて普遍的に妥当していたかどうか、また「十二表法」に示された都市内からの墓地の排除の理由は何であったか、まだ明らかにされていない。都市という共同体の枠組みのなかでは、「祖先」という私的な死者が生者と共住する余地がなくなってきたのであろうか。

生者と死者の関係は、それぞれの時代の共同体あるいは国家によって規定されたものであり、そこに私的な集団としての家族や血縁（親族）集団がどのように組み込まれてきたかによって決定されてきたように思われる。墓地はその社会を映し出す鏡であるといわれるが、それは単純に民俗的な事象だけを映し出すものではない。

庶民階層の死穢の感覚

わが国でも、「死穢を忌み恐れたのが古来の風習」（柳田国男）であり、墓地が死穢から逃れるために居住空間から常に分離・排斥されていたかどうかは疑わしい。この問題と関連して、しばしば引用されるのは延暦十六（七九七）年正月の次の禁令である。

山城国愛宕葛野《やましろのくにあたごくずの》郡の人、死者ある毎《ごと》に、便《すなわ》ち家の側に葬り、積習《せきしゅう》常となる。今は京師に接近す。凶穢《きょうえ》避くべし。宜《よろ》しく国郡に告して、厳しく禁断を加うべし。若し犯違有らば外国に移貫《いかん》せよ。

平安京の造営に際して、京域の母胎となったのは愛宕・葛野両郡である。愛宕・葛野両郡では、死者を家の側に葬るのが習慣になっていたのでこれを禁止するというのが、この禁令の内容である。「家の側に葬り」というのが、どのような状況のなかでの埋葬であるかは、これだけではわからない。ただ「凶穢避くべし」という、国家の強い意思だけがここに表明されている。

高取正男は、この法規から、律令貴族の死穢にたいしての過敏症ともいえる忌避感覚があったにもかかわらず、庶民階層では死穢にたいする忌避感覚は希薄であったことを読み取り、「屋敷近くに埋葬地をもつことも、由来のある古い習俗である」と論じている。

また、大山喬平も『延喜式《えんぎしき》』の規定のなかから、「凡《およ》そ、神社四至之内《しいしのうち》、樹木を伐り、及び死人を埋葬することを得ざれ」を引用して、神社の四至内に死者を埋葬してはばからない習慣があったこと、王朝貴族の死穢の観念にそぐわない自然の庶民の感覚が長い歴史的生命を保ち続けていたことを指摘している（『日本中世農村史の研究』）。

高取や大山の理解は、庶民階層のすべてにおいて死穢の観念が欠如していたことを示すものではないが、少なくとも死穢についての観念が庶民階層においては一様ではなかったことを示しているであろう。

屋敷墓の形成

屋敷墓の事例としてよく紹介されるのが、大阪府高槻市宮田遺跡である。この遺跡は十二〜十四世紀の居住跡とされ、屋敷地の周辺から墓地が発見されている。さらに、東大阪市の西の辻遺跡は十三〜十四世紀の居住跡とされ、ここからも夫婦を納めたと思われる木棺墓が発見されている。

その他、最近の畿内における遺跡発掘調査のなかで、十世紀から十三世紀にかけての住居跡から木棺土葬または土葬の墳墓が発見されており、屋敷墓と思われるいくつかの事例が報告されている。

さらに、武家階層のなかでも屋敷墓と思われる事例もいくつか報告されるようになった。

たとえば、中世史家の奥田真啓は「武士の氏寺の研究」において、「墓所を重んじた武士は、その館に付属して墓所を設けていた」とし、このような屋敷に付属した墓所が「持仏堂と結合して墓所である氏寺になる事例も多かった」と論じている。武家階層においては、所領と墓地は一体のものであり、「墓はまっさきに相続の対象となった」とする考えもあるが、なお今後の研究にまつところが多い。

このように中世段階に至ると、屋敷墓の形成がみられるようになり、断片的ではあるが日本中世史の立場から屋敷墓についての報告がおこなわれている。民俗学からも、中世に起源を持つ屋敷墓についての報告がいくつかある。

民俗学者の宮本常一は、「屋敷神としての稲荷」のなかで、関東地方で中世以来続いている旧家はたいてい屋敷のなかに墓をもっていたとし、死者は屋敷内に土葬され、目じるしに常緑樹が植えられ、それが大木に育つと根もとに稲荷の祠《ほこら》などを祀っている、としている。

また、民俗史家の直江広治は『屋敷神の研究』のなかで「屋敷神を、開発先祖の墓或いは古墓と結び付けて説く伝承が、広く各地に分布していることは注意すべきである」として、各地の事例について報告をしている。このような開発先祖を屋敷内に埋葬するというのも多くは中世を起源とするものであろう。

もっとも、直江によると、このような古墓の伝承をもつ屋敷神であっても、そのような事実があったかどうかについては定かではないとして、このような屋敷神の伝承を、いわゆる「両墓制」における「詣墓《まいりばか》」に相当するものとして理解している。

しかし、屋敷内に開発先祖を埋葬する習俗は、次に述べるように、数多く報告されており、それが埋葬の伝承と結びついている以上、それらすべてが「詣墓」と結びつくとは言えないであろう。

このように屋敷墓は中世に起源をもち、特に開発先祖の祭祀と結びつけられ、伝承されてきているものが多い。とすれば、屋敷墓は、律令貴族のなかでの「死穢」の観念が希薄化した後に展開する、歴史的な発展・進化の結果なのだろうか。それとも、もともと「死穢」の観念をもたない異質な文化が、このような屋敷墓を形成したのであろうか。この問題については、早急には結論を出すことはできない。

屋敷墓の習俗

屋敷墓の習俗は、現在でも多様な形態で伝えられている。ここでは『日本民俗地図』（文化庁）と『日本の埋葬・墓制』シリーズなどに基づいて、屋敷墓の習俗についてまとめておこう。

［青森県］

○北津軽郡鶴田《つるた》町胡桃館《くるみだて》——以前は屋敷内の一隅に墓があったが、その後に共同墓地ができた。いまだに屋敷内に墓石が残っているところもある。

○三戸《さんのへ》郡五戸《ごのへ》町字石仏《あざいしぼとけ》——まき（マキ＝同族）ごとに墓地をもっていたが、明治十六年に共同墓地になった。

［岩手県］

○岩手郡雫石《しずくいし》町西安庭《にしあにわ》字鳥谷森《あざとやもり》——寺が近い家では寺の墓地に墓を建てるが、寺が遠い家では屋敷内に墓を設ける。

○和賀《わが》郡沢内《さわうち》村――旧家では宅地内に墓をもっているが、これは公葬地ができる前の墓所である。

○一関市本寺《ほんでら》――墓地は昔は宅地内の屋敷に近い南向きの土地にあったが、明治十四年以降公葬地ができてからは公葬地に葬るようになった。

○一関市舞川字舞草《まいかわあざもうくさ》――明治初年に公葬地が設けられたころには、昼間に公葬地に埋葬し、夜間にこっそり掘り返して旧私有墓地に埋め替えて拝んでいたことがあった。

［秋田県］

○由利《ゆり》郡大内《おおうち》町――仏立《ほとけた》て場《ば》と称する先祖（初代）を埋葬した墓地があり、家によってはこの仏立て場を屋敷地内に設け、初代だけをそこに埋葬し、それ以降は同族の共同墓地に埋葬した。

［宮城県］

○加美《かみ》郡宮崎町切込《きりこめ》――死者は屋敷の共同墓地に埋め、死者の生命のあることを予想して息ツキ竹を立てる。

○玉造《たまつくり》郡岩出山《いわでやま》町日向要害《ひなたようがい》――明治のはじめころまでは、どこの家にも家から三十間（約五十五メートル）ぐらいはなれたところに墓地があり、そこに埋葬して碑を立てた。明治三十年ごろに共同墓地ができ、強制的かどうかわからないが全部自分の家の墓地から共同墓地へ移した。しかし、夜中にこっそり墓を掘り返して、また自分の家の墓所に移したり、共同墓地と自分の家の墓所に同じ碑を立てた家もあった。

［愛知県］

○新城《しんしろ》市横川（旧・横山村）――どの家も代々の墓地が屋敷のかたわら、多くは一段高いところにあってそのかたわらには地の神が祀ってあった。

［新潟県］

○東蒲原《ひがしかんばら》郡三川《みかわ》村――昔は個人個人の墓を屋敷内または各家所有の山または畑などに設けたが、法規の制定により、明治四十年前後から大正初期にかけて、共同墓地や寺の境内に移されたところが多い。したがって、移転前の旧墓地と共同墓地の墓と墓所が二ヵ所にあるところが多く、前者を古墓、後者を新墓と称する。

［富山県］

○下新川《しもにいかわ》郡朝日村笹川――草分け七軒の家でそれぞれの先祖の墓を地神様と呼んで祀る。いずれも屋敷の隅、多くは背戸の山側にあり、かたわらに巨木を植えている。

［石川県］

○羽咋《はくい》郡富来《とぎ》町大福寺《だいふくじ》――村きっての古い家といわれる大桑家の墓は、屋敷続きの畑のなかに、分家のものと並んでいる。

○羽咋郡志賀《しか》町福野《ふくの》――墓を屋敷内に設けた時代もあるようであり、村の草分けの時代には、屋敷内で火葬をしたという伝承もある。

［福井県］

○遠敷《おにゅう》郡上中《かみなか》町河内――個人の屋敷内または近くの山麓に墓がある。

○大飯《おおい》郡大飯町大島――ニソの杜は、大島の七集落が祀る三十一ヵ所の聖地である。ニソの杜はいずれもたもの木など常緑樹の杜で、祠をもつものが多いが、樹自体が聖視される。この起源については昔のサンマイ（三昧）であるとの伝承があり、またこの杜が旧屋敷地と近いことから屋敷墓との結びつきを指摘する人もいる。

［静岡県］

○磐田《いわた》郡水窪《みずくぼ》町西浦《にしうら》――屋敷内に墓をもつ。一時寺に集められた時代もあったが、現在ではまた屋敷内に埋葬している。

［奈良県］

○吉野郡下北山《しもきたやま》村小井《こい》――もとは個人墓（単墓制）で、明治末に共同墓ができた。昔は家の側（石垣のすぐ下、屋敷からもっとも近い自分の持山の山すそ、野のすそなど）に埋めたので、家のすぐ近くに五、六ケ所の墓があった。

［島根県］

○隠岐《おき》郡西郷《さいごう》町今津《いまづ》――服部本家では、母屋のうしろにジヌシサンと称する石積みの小山が二つある。それぞれ初代と二代の墓と伝える。

［徳島県］

○美馬《みま》郡穴吹《あなぶき》町半平《はんだいら》――墓は各家周辺の耕地内に一人一人のものが散在し、宅地内の場合もある。

［高知県］

○長岡郡大豊《おおとよ》村八川《やかわ》――畑山家では先祖の墓が物置になる。階層で屋敷地が拡大した結果というが、

この形の屋敷墓のある家が八川では他に三戸あり、近隣の集落にもこのような墓がある。

［鹿児島県］

○鹿屋《かのや》市田崎《たさき》――老田家では屋敷内に墓地があり四十七個の墓石があったが、最古のものは一七六八（明和五）年であった。ここでは旧家と目される家にはほとんど屋敷墓がある。

これらの報告のなかでいくつかのことがわかる。その一つは、屋敷墓はほぼ全国的に分布していることである。ただ、この報告例からは明らかではないが、量的には東北地方や九州・四国地方に多い。第二に、このような屋敷墓は明治時代の墓埋《ぼまい》政策をつうじて廃止された例が多いこと。第三に、屋敷墓が開発先祖と結びついている例は秋田県や福井県の「ニソの杜」の伝承にみられるが、他方では「地の神」と結びつく伝承も多いことである。

地の神の伝承、死者の屋敷取り

一九七九（昭和五十四）年に福岡県太宰府市の宮ノ本遺跡から墓地の「買地券《かいちけん》」が発見された。また、岡山県吉備《きび》郡真備《まび》町尾崎では江戸時代に同様の「買地券」が発見されている。大宰府の買地券は九世紀半ば以降のもの、また真備町の買地券は八世紀半ばのものといわれている。

もともと、墓地の買地券は、中国の後漢以降にみられるものであり、法制史家である滝川政次郎は、「百済武寧王妃墓碑陰の冥券」のなかで、冥券（＝買地券）を分析して、土地神に対価を支払って土地（＝墓地）を買い受けたものとしている。

また、社会人類学の立場から、植野弘子は死霊と神との両義的性格をもつ「地基主《テエキイツウ》」について報告している。台湾では、土地を家屋・廟・墓地として利用するときには、〈謝土《シャトウ》〉と呼ばれる儀礼が必要であり、それは「地基主」から土地を買い取るのだとする。そして、土地を買い取るための、人と「地基主」との契約書を「地契磚《テエケエツウン》」という。

日本で発見された買地券も、中国・朝鮮半島の買地券や台湾の「地契磚」と同様の系譜を引くものと考えられるし、現在でもこれにつながるような習俗が、日本でも報告されている。

高知県長岡郡大豊町上桃原《かみももはら》では、六尺（約一八二センチメートル）四方の四隅に一文銭を一枚ずつ置き、肉親が「この四方四面は誰々の墓地として買い上げます」と唱えていたとされ、また、高岡郡仁《に》淀《よど》村大植《おおうえ》では、糸を通して長さ三尺ぐらいの竹に吊るした一文銭を四隅に立て「地主さん、ここを売ってつかあされ」といって掘りはじめた、という報告がある。

愛媛県周桑《しゅうそう》郡小松町石槌《いしづち》や西条市、新居浜市では、墓直しには河原石を拾って四辺を縁どり、土盛りを整均して上にミョウドウを置くとされ、小松町では、これを「死人の屋敷取りをする」という。

青森県や秋田県でも同種の習俗がある。秋田の田沢湖周辺の村々では墓地での埋葬が終わった後、墓前にて卯木《うつぎ》や竹に串刺したダンゴ状のモチを右手にもって、その串からモチを抜き、左手で左脇から後方に向かって投げる。このモチはできるだけ遠くに投げなければならないとされる。遠くにモチを投げると、今度生まれ変わるときにはできるだけ広い屋敷をもつことができるからであると伝承されている。

秋田県能代市槐《さいかち》では、墓地での埋葬から帰ってきてから「ヤシキモチ」と称して十六個の小さな供え餅をつくり、ウツギの柱を立てて屋敷祭りをする」といわれている。秋田における「屋敷取りのモチ」は、四国における「死人の屋敷取り」ほどその趣旨は明確ではないが、ほぼ同様の習俗と考えてもさしつかえないであろう。

墓地の買地券の思想と「死人の屋敷取り」の習俗には、死者のための土地を地主神〈あるいは冥土の神〉から買い取るという意味において、共通の思想がみられる。ここでは〈死者の住処〉として墓地が設けられるのであり、土地は不可侵の聖地として意識されることになる。

日本では、地主信仰は必ずしも屋敷地だけではなく、特定の田や畑と結びつき、多くの場合それは古い葬地の伝承と結びついている場合が多い。開発先祖が地主神として祀られる習俗、屋敷の霊力、屋敷神や屋敷墓の習俗も〈地の神〉との関連でとらえなおす必要があろう。

そして、この〈地の神〉の信仰は中国から朝鮮半島を経て日本に渡来した可能性が強く、屋敷墓もその文化的系譜のなかにあるのかもしれない。これからの比較文化的な考察が必要であろう。

第三章　さまざまな墓制

——墓と墓地の民俗

1　両墓制の習俗

両墓制とは

屋敷墓が生者と死者の共住を意味しているとするならば、その対極にあるのが、「両墓制《りょうぼせい》」の習俗である。なぜならば、両墓制のもとでは埋葬地がムラの外に設けられ、生者と死者の居住空間を分離するからである。

両墓制は、埋葬地（＝死体を埋葬する墓地。一般的に「埋墓《うめばか》」と呼ばれる）と石塔を建てる墓地（一般的に「詣墓《まいりばか》」と呼ばれる）が離れて設けられる墓制である。この両墓制については、民俗学のなかでもっとも議論が集中した問題であるにもかかわらず、必ずしも共通した理解があるわけではない。

両墓制は、柳田国男が一九二九（昭和四）年に発表した「葬制の沿革について」のなかでその問題を提示し、民俗学者の大間知篤三によってこの墓制に「両墓制」という名称が与えられた。

両墓制は近畿地方を中心に分布し、東北地方や九州地方ではほとんどみることができない。また、一言で「両墓制」といっても、その形態は多様であり、しばしば埋葬地と石塔を建てる墓地が隣接し、同一墓地内でこの二つの墓地が区分されている場合にも〈隣接両墓制〉と称して、両墓制の範疇でとらえることもあるが、あまり建設的な概念の設定とは言えないであろう。要は、二つの墓地がいかなる理由で設けられ、それぞれがどのような意味をもっているかである。

何が問題とされてきたか

両墓制の通説的な見解は、埋葬地は死穢の場であり、それを忌避して別に祭地（＝霊魂祭祀のための清浄な場）を設けたというものである。

通説は、肉体（＝死骸）と霊魂の分離を前提として、「死骸＝穢れ＝埋墓」と「霊魂＝浄霊＝祭地＝詣墓」という枠組みのなかで二つの墓地を位置づけ、古くは祭地には石塔はなかったが、中世末から近世の初期にかけて石塔が建てられるようになり、現在の両墓制の形態になったとするものである。このような考え方は、柳田国男から大間知篤三、そして最上孝敬へ受け継がれていく。

この通説に新しい解釈を加えたのが、民族学者の国分直一である。国分は奄美・琉球列島および本土太平洋沿岸地域に点々と分布する洗骨習俗に注目し、この洗骨習俗の伝統を引くものとして両墓制をとらえたのである。国分は次のように述べた。

> 本来は清められた全遺骨を移葬したものが、頭骨と四肢骨、或は頭骨を移葬するようになり、略化が進み、墓の土、白い円石を運ぶようになり、遂には何ものをも移葬しないままの詣墓が出現する。（「日本及びわが南島における葬制上の諸問題」『民族学研究』二十七巻二号）

つまり、洗骨改葬の習俗の移葬《いそう》略化《りやくか》した形態が両墓制であるというのである。両墓制と洗骨習俗の関係は、すでに柳田の「葬制の沿革について」でも指摘されていたが、国分はそれを理論的に体系化した。

これにたいして、民俗学者の原田敏明の両墓制についての理解は、通説のコンテキストとはまったく異なった側面をもつ。原田によれば、死者にたいする恐怖や穢れから死者を村境の外に捨てるかのように埋葬した場所が埋墓なのであり、それとは関係なしに死者尊重の考えから、仏教信仰に基づいて礼拝供養するために建てられたものが詣墓なのであるとした。そして、詣墓について次のようにいう。

> 両墓制でいう詣墓は古くから庶民の間ではもちろんのこと、上層の社会においても無いことであった。それが庶民の間であるようになったのは、決して早いことではない。そして来世思想の浸透によって、また家の観念が発展して祖先に対する礼拝供養が普及してからのことで、よほど新しい現象であった。（『宗教と民俗』）

彼の理論の特徴とするところは、死者を捨てるように埋葬した埋墓と祭祀の対象となる詣墓の創設には一定の時間的ずれがあり、詣墓の創設は近世もよほど後期のことで、仏教思想の浸透による死者尊重の観念の形成、家の観念の発展による祖先祭祀の普及によるとされている点である。

このような理解は、両墓制を一つの連続した葬墓制《そうぼせい》ととらえる考え方からは区別されることになる。つまり、原田は、異なった二つの要因が異なった二つの墓地をつくりあげたことを主張しているのである。

原田の主張の背景には、遺骸と霊魂の分離を前提として、霊魂の祖霊化から氏神信仰へと展開する日本の固有信仰論（＝柳田民俗学）への批判が内在している。

というのは、通説のなかで展開された死穢の肉体と清浄な霊魂という概念装置は、祖霊化した霊魂を神社（氏神）で祀っているという氏神信仰論や、戦死者の霊魂を靖国神社で祀るという枠組みを、日本古来の祭祀のあり方として正当化する役割を果たしてきたからである。

したがって、原田敏明の両墓制についての理解は、柳田の日本の固有信仰論の再検討を迫るものであったといえる。なぜならば、原田の枠組みのなかには、人が死ぬとしだいに清浄な祖霊になるという観念が欠如しているのであり、祖霊（祖先）を祀るということは仏教思想の影響に基づいた新しい現象なのである。

原田の見解は、すでに述べた土井卓治が、石塔建立の目的を祭祀ではなく、追善供養を目的としたものであることを強調するとき、また田中久夫が、遺体遺棄の習俗を強調するときにも（『祖先祭祀の研究』）、それが受け継がれてきているように思う。そして、最近では、新谷尚紀がその視点を若干ずらしながらもこの原田の見解を継承している。

新谷が両墓制の数多くの事例の調査をつうじて明らかにしていることは、ハカ（＝埋葬墓地）をムラ（＝集落）から遠く離れた場所に設けるということ、つまり強い死穢の観念があってはじめて両墓制が成立する前提が形成されるということである。

さらに、石塔墓をどのように受容するかはそれぞれのムラの状況によって異なり、多様な形態がみられるとする。石塔の立地は、ハカ（埋葬墓地）、テラ、ムラ（イエ）の吸引力と反発力の組み合わせによって、多様な形態を示すのだとする（『両墓制と他界観』）。

ここでも両墓制を、埋葬墓地と石塔のある非埋葬墓地を一つの連続した葬墓制としてとらえる考えは希薄であり、この二つの墓地を死骸と霊魂の分離という枠組みのなかで統合しようとする観念はみえてこない。

このように最近の両墓制についての理解は、原田の枠組みに沿ったものが多い。私もまた異なった二つの要因が二つの墓地を形成するという原田の理解に賛成しよう。すなわち、ムラの外に埋葬地（＝埋墓）を設けるのは死穢を拒絶する要因がそのムラの内部においてあるのであり、詣墓を設けるのは外部から死者供養の思想がもたらされたからであると。

2　奈良県都祁村の両墓制

村落空間と墓制

ここで、両墓制の具体的な事例を紹介しておこう。奈良県山辺《やまべ》郡都祁《つげ》村は天理市の東、名阪国道に

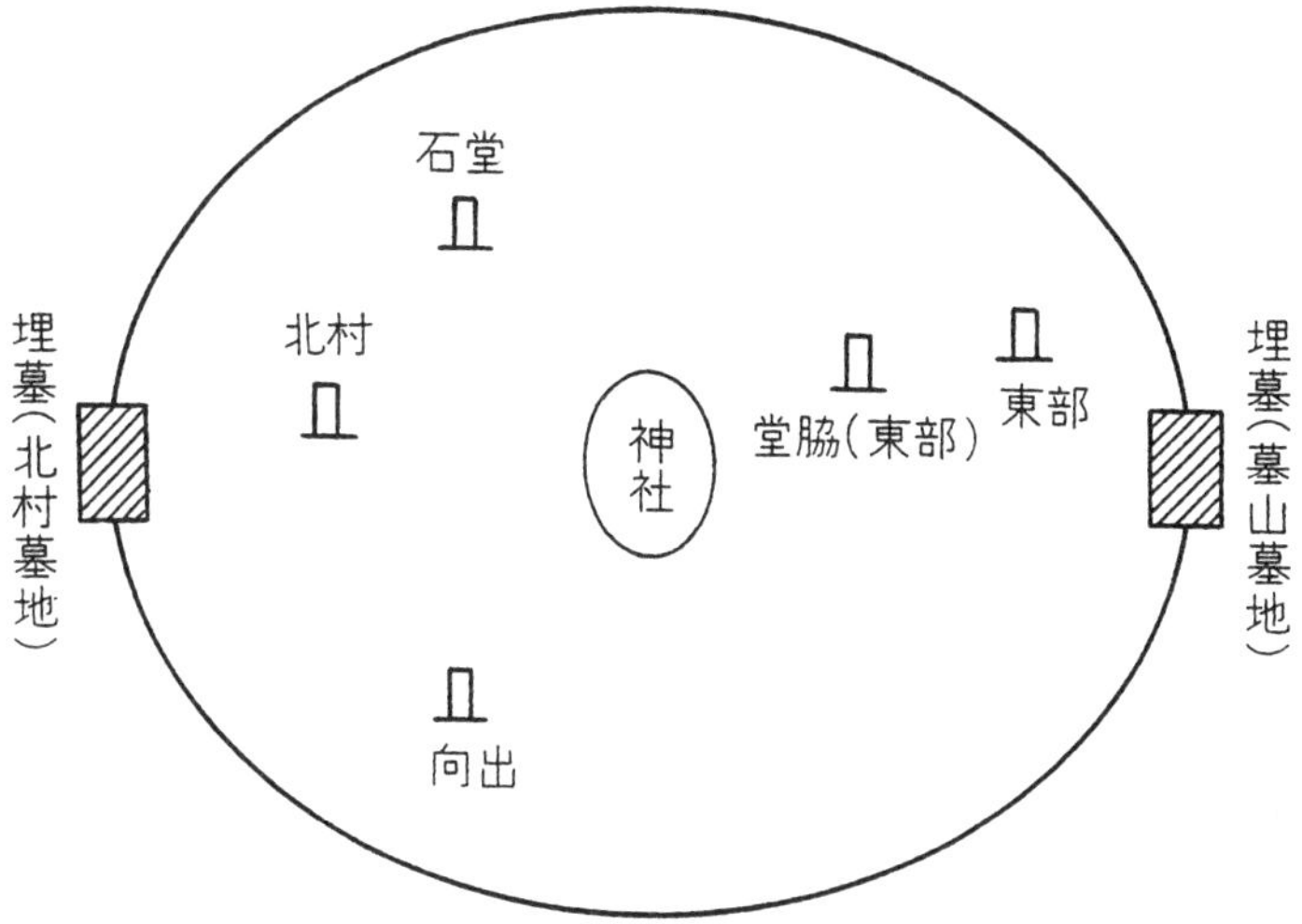

集落概念図

沿った村である。この地域一体は大和高原《やまとこうげん》と呼ばれており、それぞれの村は開発の歴史も古く、さまざまな文化的要素が錯綜している。特に、宮座組織とトウマイリの習俗、そして、両墓制をともなった墓制は伝統的な日本のムラや家族についてさまざまな角度から考える素材を与えてくれる。

都祁村吐山《はやま》については、庶民階層における石塔の建立に関してはすでに述べたところである。ここで紹介するのは、都祁村針《はり》の墓制である。針の墓制は大和高原の典型的なあり方を示していると考えられるからである。

針では、集落（ムラ）の中央に春日神社があり、集落のはずれ東西に二ヵ所の埋墓《うめばか》がある。詣墓《まいりばか》は、四つの垣内にある垣内寺の側に建てられている（東の垣内には二ヵ所の石塔墓がある）。埋墓はミバカと呼ばれ、詣墓はセキトウバカ（石塔墓）と呼ばれている。

春日神社を中心とした埋墓と詣墓の概念は図の通りである。神社を中心として、ムラの東西に埋墓があるというのは、葬列が神社の前を通らないようにするためである、と説明される。したがって、神社から東にある家は東の埋墓へ、神社から西にある家は西の埋墓へ埋葬する。

このムラでは、五穀豊穣を祈る〈場〉は神社であり、祖先を供養する〈場〉は垣内寺であると意識されている。五穀豊穣を祈禱する儀礼には神仏混交のものが含まれており、初祈禱と呼ばれる五穀豊穣を祈禱する行事では社守《しゃもり》（＝村人から選出された神主）が寺で祈禱する。しかし、その寺は神社に隣接する観音寺であって、垣内寺ではない。

ダイジ（大字）と呼ばれる針全体で担われる神社と、垣内を単位として設けられた垣内寺では、その役割を異にして、いわば二重の祭祀空間を構成している。つまり、神社は五穀豊穣を祈禱する場としてムラの聖なる空間であるが、垣内寺はそれぞれの垣内の人々の〈先祖〉を祀る空間なのである。

このムラでは、ムラの構成員になる条件はこのムラの氏子になることであり、氏子になるためには春日神社で〈宮詣り〉をしなければならない。この神社で〈宮詣り〉をしない嫁や養子は、厳密な意味においてはこのムラの氏子ではない。

また、神社が死穢を避けることについては徹底している。葬列が決して神社の前を通ることはないし、自分の家族から死者が出たときにも、一年間は祭礼への参加をはばからなくてはならない。したがって、このムラで埋葬地が村落の居住空間の外に設けられるのも、村落祭祀としての神社の祭祀空間から死穢を排除するものとして理解すべきであろう。

ミバカ＝埋墓

針の埋葬地（＝埋墓）は東西に分かれているが、埋墓（ミバカと呼ばれている）のようすは東と西では異なっている。東の埋墓は「東墓」あるいは「墓山墓地」と呼ばれている。墓山墓地は、小さな丘の斜面を利用して造成され、墓地は家を単位として区画されている。

それにたいして、西の埋墓は「西墓」あるいは「北村墓地」と呼ばれ、埋葬地を小さな丘の斜面を利用して造成していることについては同じであるが、埋葬地を死者の年齢によって階梯的に区分し、また二つの系統の家々がその一角を専有している点では墓山墓地とは異なっている。

死者の年齢で埋葬地を区分するような形態をここでは〈年齢階梯制墓地〉と呼び、家々の系統で一定の区画された埋葬地を専有している形態を〈イットウバカ〉と呼んでおくことにする（この地域では同族集団を意味する言葉は欠如している。ただ、墓地については「イットウバカ」という表現を用いる人がいるのでさしあたりそれに従う）。

現在の年齢階梯制墓地は、一九七〇（昭和四十五）年前後に整備されたものであるという。墓地の入り口には六地蔵が建てられ、その面前には小さな空間（斎場）があり、その中央には棺を置くための石の台が備えつけられている。そこから奥に、上に向かって帯状に階梯化された埋葬地が造成されている。

最下段が二十歳代以下の埋葬地であり、上に向かって、三十〜四十歳、四十〜五十歳代、六十歳代、七十歳代、八十歳代、最上段は九十歳代と社守（神主）とその経験者が埋葬されるという。死亡した者はその年齢に応じて順番に埋葬され、年齢によって区画された埋葬地が一杯になると最初に戻って場所を掘り返し、再び埋葬されるという。

イットウバカはこの年齢階梯制墓地の一角を区画し、埋葬地を造成している。イットウバカは二つの区画があり、二つの系統の家が専有しているが、この両家はともに旧武士階層出身の古い家筋であるとされる。

もっとも、このように整備される以前の段階では、墓地はもっと雑然としたものであった。もちろん、イットウバカはあったし、死者の年齢が高くなるほど奥の（高い）ほうへ埋葬されたことは同じであるが、それほど明確な形で区画されたものではなかった。と同時に、死者の年齢とともに、ムラのなかでの家の地位が埋葬場所にも反映され、その地位が高いほどその年齢区域のなかでも高い場所に埋葬されたという（このような北村墓地の旧埋葬地の状況は、都祁村針《はり》ガ別所《べつしょ》において現在でもみられるものである）。

このように埋葬地が変更されたのは、⑴若年層の死亡者が少なくなることによって年齢による埋葬区域の変更が必要になったこと、(2)家柄による埋葬地の違いが「非民主的」と意識されるようになったこと、による。

詣墓＝石塔墓

詣墓＝石塔墓（セキトウバカ・タッチュウバカなどと呼ばれている）は、北村・石堂・向出の垣内ではそれぞれ一ヵ所、東部垣内には二ヵ所にある。石塔墓のある場所には、垣内寺が建てられている。かつて明治時代の頃まではこの垣内寺には、聖《ひじり》や尼さんが住み着いて墓守にあたっていたとされるが、この点について詳細は不明である。

石塔墓には毛髪・爪、戒名を刻んだ鉄板などを入れる。かつては、石塔墓は死後すぐに建てるものではないとされ、多くの場合は死後三年以上過ぎてから建立された。しかし、最近では「家墓」（＝先祖代々墓）を建立しているケースが多く、個人や夫婦を単位とした墓を建立しなくなったので、戒名を刻んだ鉄板などを「四十九日」のときに石塔墓に入れるようになった。

墓詣りは、一般的には次のようにおこなわれる。まず、死後「初七日」までは毎日埋墓に詣り、その後「四十九日」までは週に一度だけ埋墓に行く。「家墓」ができてからは、この「四十九日」以降は石塔墓に行くことが多くなったが、かつては石塔墓ができるまでは埋墓へ行っていた（たとえば、年忌や彼岸、そしてトウマイリ《盆におこなわれる行事、第五章の3を参照》のとき）。

さて、石塔墓がこのムラでいつの時期にどのように形成されたものであるかは、明らかではない。前に都祁村吐山の十六世紀に建立された石塔墓の形成について述べたが、私たちは中世に遡るであろう石碑群を確認することはできたが、その年号は確認できなかった。私たちが確認したもっとも古い詣墓は元禄期のものである。

古い石塔墓はこれまでに何度か整理され、廃棄されたものもあると思われる。実際、古い石塔が雑然と積み重ねられている光景は、どの垣内寺でもみることができる。都祁村の北、上野《うえの》市（三重県）では、年忌が終わった死者の石塔は廃棄されたといわれている。都祁村ではこのような伝承を聞くことはできなかったが、墓地の整備とともに古い石塔を〈タオス〉（廃棄する）のは一般的におこなわれていた。

本来、石塔は供養のために建てられたものであり、祖先を祭祀するためのものではなかったことはすでに述べたが（この地域の祖先供養のあり方は第五章で説明する）、この供養墓については次のことをつけ加えておこう。

一九六五（昭和四十）年前後、名阪国道の建設にあたり、埋墓である東山墓地の半分が用地買収にかかり、一部改葬しなければならなかった。このとき、東山墓地から丈が四、五十センチの無数の一《いっ》石《せき》五輪塔が発掘された。この一石五輪塔は中世に遡るものであろう。このことは、埋葬地に供養のために石碑を置いたことを示すものであり、新たに詣墓のための墓地がつくられた段階、おそらく〈垣内寺〉の建立の時期に石塔を現在の場所に建てるようになったのであろう。

このことは次のことを意味している。詣墓は仏教思想の浸透とともに新たに設けられたものであり、最初から二つの墓地があったわけではないことである。そして、最初は石碑を置くことが死者への供養であったが、しだいに盆や彼岸、あるいは年忌法要のときには、埋葬地から分離されたこの供養墓に詣るようになり、現在私たちがみることができる両墓制の景観が形成されたのであると。

また、石塔の建立については、現在詳細な配置図を作成中であるが、さしあたり、次のようなことが言えるであろう。

(1)古い石塔ほど「個人」の供養碑であるケースが多く、次第に「夫婦」を単位とした供養碑が建立される傾向にあること。

(2)「夫婦」を単位とした供養墓は、比較的最近になってからも建立されており、一九七〇（昭和四十五）年段階でもみられること。

(3)この地域における〈家墓〉（＝先祖代々墓）は、確認される限りでは一九二三（大正十二）年のものがそのはじめであり、昭和になって一般化し、現在でもなお〈家墓〉をつくっていない家も見受けられる。このような〈家墓〉の建立の理由は、都市部の〈家墓〉建立の流行も影響したであろうが、非埋葬墓地に新たに石塔を建てる場所が確保できなくなってきたことが、これを促進したと思われる。

3　墓地と墳墓の形態

墓地の形態

人々の居住空間のなかに埋葬する墓制の典型が屋敷墓であるとするならば、両墓制のもとでは居住空間の外に埋葬され、この両者は、埋葬地のあり方からみたとき、両極にある墓制といってもよいであろう。

屋敷墓は、そのはじめから私的な空間に設けられた墓地であり、そもそも私的な祭祀の場として位置づけられるものであった。それにたいして、両墓制の埋墓のように、集落の外に設けられた埋葬地は、無所有の、言い換えれば誰の管理にも属さない土地に設けられたものであった。

このような両極にある二つの墓地の伝統は現在においてもなお維持されており、前者は個人所有墓地として、後者はムラの入会地などに設けられた共同墓地として展開している。

しかし、この共同墓地の態様は一様ではない。共同墓地、特にムラ墓地の利用は、村の構成員であれば誰でもが利用する権利をもつというのが一般的であるが、その墓地がどのように利用されるかはそのムラの事情に応じて異なっている。奈良県都祁村において、その墓地区画の利用形態をまとめたのが表1である。

大　　字	墓地の名称	墓地区画の使用形態
南之庄	来迎寺地蔵	男女別・年齢別
甲　岡	来迎寺地蔵	男女別・年齢別
来迎寺	来迎寺地蔵	年齢別
友　田	来迎寺地蔵	年齢別
蘭　生		家別
高　塚		家別
小山戸	墓ン谷	家別
	来迎寺地蔵	家別
相　河		家別
吐　山	山の神	自由
	ミノダ	自由
	オクガイト	年齢別
	城福寺	家別
	バンザガ	家別
	セリガダニ	家別
	コケフ	家別
	トノニシ	家別
	ドサカ	年齢別
白　石	大久保墓地	家別
	地蔵墓地	年齢別
針	墓山墓地	家別
	北村墓地	年齢別(一部イットウ別)
上深川		年齢別
下深川		イットウ別
萩		年齢別
馬　場		男女別・年齢別
針ケ別所		年齢別

表1　都祁村墓地区画使用形態

ここで「自由」とあるのはムラの構成員であれば墓地内のどこにでも自由に埋葬できるという意味であり、「男女別」というのは男女で埋葬地が区画されている場合、「年齢別」というのは、前に述べた針の事例のように、死者の年齢によって埋蔵地が異なる場合、「イットウ別」というのは同族集団によって埋葬地が定まっている場合、「家別」というのは家を単位として墓地が区画されている場合である。大字の南の庄・甲岡・来迎寺がともに来迎寺地蔵を墓地としながらも（このように数ヵ村が共同で墓地を利用するとき、一般に「郷墓」と呼んでいる）、その利用形態が異なっているのは、まずその墓地がムラを単位として区分され、さらにムラによってその利用形態が異なっているからであろう。

家や同族集団によって区画された墓地

墓地の利用形態は、都祁村という狭い範囲に限定したとしても、このように多様であり、一括して論ずることはできない。ただ一般的に次のような傾向があるといえるだろう。

同族結合の強い地域のなかでは、墓地は、同族集団を単位として区画され、さらにそれが家を単位として区画される傾向がある。たとえば、東北地方の同族結合が強い村々では、同族を単位として墓地を所有するケースや、明治期以降に公衆衛生の観点から屋敷墓が廃止され、新たに共同墓地が形成された場合でも、このムラ墓地を同族集団を単位として区画して、さらに本家の統制のもとで分家に墓地区画が分けられることが多い。

また、家を単位として墓地が区画されている地域も多い。現在では、共同墓地のなかに家を単位とした墓地区画を設けているのが普通の形態になっている。ここでは、ムラの共同墓地が区画され、それぞれの区画を家が私的に占有している姿がある。墓地の使用権そのものはムラ（共同体）の論理によって規定されているが、墓地区画の空間は家が使用し、それを継承している。

家観念の形成が家を単位とした墓地区画をつくり出したといえるであろうし、江戸時代以降にこのような墓地が一般的な姿になっていったのであろう。

年齢階梯制墓地

しかし、このように血縁関係や家の系譜によってすべての墓地が区画されているわけではない。ムラの構成員であればムラ墓地内のどこにでも埋葬することができるとするのは、両墓制の分布する地域であれば比較的広範にみることができる。

つまり、両墓制の埋墓では誰彼の別なく、死亡した順に埋葬されていく。この埋墓が家を単位として区画されていくのはそれほど古い話ではなく、昭和初期まではどこでも自由に埋めることができたという地域が多い。自由に埋葬できる墓地が家を単位に区画された墓地より古い形態であることは、容易に推定できるであろう。

問題は、死者を年齢階梯的に埋葬する墓地である。このような墓地は奈良県の大和高原一帯に広くみられる形態である。

この墓制に特徴的なことは、死者を性別・年齢階梯的に区分すると同時に、社守およびその経験者が、その死亡した年齢にかかわらず、もっとも高い場所に埋葬されることである。

社守に高い埋葬地を与えるということは、この地域に分布している宮座制村落の社会構造がこの墓地にも反映されているということである。高い場所に埋葬されることは、死者の栄誉と考えられている。都祁村針では、〈六人衆〉がムラの長老としてムラの神事に協力している。この六人は、ムラの年長者（男子）から順次選ばれていく。彼らもまた、高い場所に埋葬地が与えられることになる。

なお、考古学のなかでも性別・年齢階梯的に埋葬された墓地が報告されているが（山口県豊北町土井ケ浜遺跡や岡山県笠岡市津雲《つくも》貝塚など）、この性別・年齢別墓地と大和高原の墓地が関連するかはまだ明らかではない。考古学の報告例は縄文時代末期や弥生時代のものであり、この両者を関連づけるにはあまりにも時間の隔たりがある。

子墓

まだ成人に達していない子どもが死亡したときには、通常の葬式はおこなわれず、墓地もまた大人の墓地から区別される事例は、多くの地域で見受けられる。

奈良県大和高原の年齢階梯制墓地が分布する地域では、大人の墓地と区別して〈子墓〉を設けている地域が多い。もっとも子墓に埋葬する年齢は必ずしも一様ではなく、ある地域では四、五歳までといい、ある地域では十四、五歳までの子どもが子墓に葬られたとしている。

また、茨城県の高岡村（現・高萩市）では、夭折した子どもを床下に埋めたことが報告されている。私も、茨城県久慈郡里美村での調査で、子どもが夭折したときには床下か家の近くの路端に埋めたという話を聞き、話を聞きながら今でもこの床下に埋まっていると言われて、驚いたことがある。

子どもの葬儀や墓が大人と区別されることは、かなり多くの地域でみられる。青森県下北郡東通《ひがしどおり》村目名《めな》や前述の高岡村でも「七歳（地域によっては六歳）までの子どもは神様」と言って大人とは区別し、他方、沖縄県宮古列島の池間島《いけまじま》では生後二、三ヵ月から三歳以下の子どもの死体をアクマと呼んで、頭に釘を打ったり、斧や刀で切り裂いて「二度と生まれてくるな」と言って洞穴に捨てたという。

目名と池間島の事例は両極端の葬法であるが、子どもの死を成人した人間の死と区別している点では共通している。

このような子どもの死を分離する傾向は、おそらく世界の多くの地域でみられるものであり、ヨーロッパの墓地でも、今でも子墓を別に設けているところが多い。

ウィーン中央墓地でも、42区画が子どもの専用墓地として設けられており、四歳以下の子どもが埋葬されるという。ヨーロッパでは、洗礼を受けずに死んだ子どもが教会には葬られず、〈罪なき嬰児の墓地〉に葬られたこと、また子どもたちを秘密の場所に埋め、身体に杭で穴をあけ墓の地面に打ち込むという習俗も報告されている。

生を全うしなかった人々の災いを避けるために、その死者を一般の死者と分離し、あるいは特別の儀礼をおこなうことは、子どもに限った問題ではないが、どのような人間を生を全うしなかった者として認識するかは、それぞれの社会固有の文化とかかわっている。日本における〈無縁仏〉の問題もこの文脈のなかで考えなければならない。

男女別墓

埋葬場所が男女別に区分されるのは、年齢階梯制墓地のなかでもみられることであるが、夫婦が別の場所に埋葬される例がある。

たとえば、千葉県長生《ちょうせい》郡長柄《ながら》町針ケ谷《はりがたに》のある家では、男はその家の墓地に埋葬するが、他家から嫁いできた女性は村の共同墓地に埋葬するとされている。これと同様な男女別の埋葬は、利根川を中心として茨城県南部から千葉県・東京都・山梨県などに分布している。

男女別墓の習俗は、一般には複檀家制（男女が異なった檀那寺をもつ習俗）と関連づけられて理解されているが、両者の関連を明らかにするほどの充分な資料はまだない。

さて、『中右記《ちゅうゆうき》』の一一一四（永久二）年四月二十二日の記事では、源師房《みなもとのもろふさ》の第四女麗子《れいし》（＝京極殿）が藤原師実《ふじわらのもろざね》と結婚するが、麗子は藤原氏の墓地である木幡には葬られず、源氏の墓地に葬られた、とされている。

これも夫婦が別墓に埋葬される例であり、女性が結婚した後も生家の成員権を維持していることを示すものであるといえる。関東地方の夫婦別墓がこのような男女別墓の系譜を引くものであるかどうかは、なお今後の検討課題として残されている。

ただ、右の男女別墓は、年齢階梯制墓地にともなった男女別墓とは明らかに異なったものである。関東地方にみられる男女別墓は特定の家筋にみられるものであり、さらに源麗子の例は単系的な親族集団における入墓規制を示しているものである。年齢階梯制墓地にともなった男女別墓は、親族の構成原理ではなく、ムラの構成原理を反映したものであり、ムラの習俗として伝承されているのである。

また、男女別墓については沖縄の池間島の報告がある。池間島では遺言を条件として自分の墓を指定することがあり、母が実家の墓にはいることがあったという。

もっとも、池間島では母が生家の墓にはいることがあったとしても、必ずしも男女別墓の習俗を意味するのではなく、夫が妻の生家の墓にはいることもある。つまり、母は実家の墓、父は家の墓、祖父は祖母がはいっている祖母の生家の墓にはいる例もあるとされる。このような現象は、家観念の未成熟さのなかで入墓規制が家の論理にしたがって形成されていないことを表現しているにすぎない。

男女別墓については、異質で多様な形態が報告されている。男女別墓のもとでは、異質で多様な社会構造がそこに反映していると考えるべきであろう。

墳墓の形態

墳墓の形態も多様である。「個人墓」を除くとすれば、その多くは合葬墓《がっそうばか》である。夫婦を単位とした「夫婦墓」や一定の家筋によって維持される「家墓」あるいは「先祖代々墓」も合葬墓の一種であろう。

このような形態の墳墓がいつの時期から建てられたものであるか、実証的に明らかにできる資料は残念ながら手元にはない。

ただ、私のこれまでの観察によれば、個人墓は夫婦墓に先行し、夫婦墓は家墓に先行する形態であるといってよいだろう。都祁村針の詣墓では、すでに述べたように、夫婦墓はもっとも新しく建立されたものでは一九七〇（昭和四十五）年段階のものがあり、また家墓はもっとも古いものでは一九二三（大正十二）年のものがあった。

もちろん、これは一つの村の事例にすぎない。家墓が建立されるようになるのは、江戸時代末期以降のことであり、それが本格的に普及するのは明治末期のことというのが大方の見方であろう。

つまり、明治初年の墓地法制は墓地の新設・拡大を制限し、さらに火葬の普及が家墓の建設を促進したのである。家墓は家の祖先祭祀のシンボルとしてみられるが、家墓の建立は近代の産物なのである。

しかし、墳墓の形態としては、個人墓、夫婦墓あるいは家墓の形態に尽きるわけではない。一つの墳墓を複数の家族によって共有する墓制もみられる。一つの墳墓に、同族集団や地縁関係あるいは寺《じ》檀《だん》関係によって結ばれた人々が共同で葬られるのである。私は、このような墳墓の形態を〈総墓制〉と呼んでいる。

4　総　墓　制

総墓制とは

ここでいう〈総墓〉とは、「複数の家族あるいは血縁関係にない人々が一つの墳墓あるいは納骨堂を共有している墓制の形態」を示している。〈総墓〉という用語は、秋田県河辺《かわべ》郡雄和《ゆうわ》町水沢や石川県・福井県の浄土真宗系の寺院においては日常的に用いられているものである。

もっとも、秋田では〈ソウボ〉、石川・福井両県では〈ソウバカ〉と、異なった音で表現されているが、複数の家族が一つの墳墓あるいは納骨堂を共有している墓制を示している点では差異はない。

総墓のきわだった特徴は、複数の家族あるいは血縁関係にない人々が一つの墳墓を共有し、かつ一般的には、そこに埋蔵あるいは納骨された焼骨が個人あるいは個々の家族において区分されていないことである。

埋葬地（＝墓地）を同族集団、ムラ、檀家集団あるいは寺院で所有している例は数限りなくあるが、一つの墳墓あるいは納骨堂を複数の家族で共有している墓制の報告例は少ない。墳墓を複数の家族が共有しているという場合、複数の家々がどのような関係にあるかによって、さしあたり「同族総墓制」「一村総墓制」「寺院総墓制」に区分することができる。

同族総墓制というのは、同族集団が一つの墳墓を共有する形態であり、このような総墓が同族集団の祭祀行為のシンボルとなるケースが多い。父系的出自集団である同族の墳墓という点からすれば、沖縄における「門中墓」と同様に、一種の「氏族墓」といえるであろう。

一村総墓制というのは、一つのムラ（＝村落共同体）が一つの墳墓を共有している形態である。墓地が地縁的な関係で共有される場合があるように、墳墓もまた地縁的な関係で共有されることがある。同族総墓制で強調されることが血縁関係、特に父系的な系譜血縁関係であるとすれば、一村総墓制で強調されるべきことは、〈血縁〉にたいしての〈地縁〉であり、墳墓が〈血縁〉以外の関係によって共有されることも、民俗社会におけるもう一つの伝統として理解すべきことであろう。

寺院総墓制というのは、寺院の檀家（門徒）集団が一つの墳墓を共有する形態であり、個々の檀家（＝家族）が寺院総墓とは別個に墳墓をもつこともあるが、特にここで問題となるのは個々の家族で墳墓をもたないケースであり、「墓のない村」とか「無墓（石）制」として報告されてきた多くがこれに該当する。

このような三つの総墓の形態に共通するものとして、(1)葬法が火葬であること、(2)焼骨が墳墓あるいは納骨堂に埋蔵されるとき個人や家族を単位として区分されていないこと（したがって、埋蔵された焼骨は誰のものであるかは特定できない）、(3)このような総墓制の形態をとる地域はおおむね浄土真宗地帯であること（すべてがそうであるわけではないが）、を指摘することができるであろう。

しかし、葬法が火葬ではなく、土葬であったとしても墳墓を複数の家で共有するという形態は考えられる。実際私は、このような、土葬でしかも複数の家族が一つの墳墓を共有している形態を、青森県東津軽郡平内《ひらない》町山口でみたことがある。

もっとも、一般的には葬法が火葬であったときに、合葬形態の墳墓が建設されやすい環境ができるのであり、家墓（＝先祖代々墓）が明治以降の火葬の流行とともに急激に増加していることがそれをものがたっている。総墓形態の墳墓もまた合葬形態の墳墓であり、その例外ではない。浄土真宗地帯に多くの総墓形態の墳墓が建設されたというのも、浄土真宗地帯の葬法が、伝統的に火葬であったことに基づくものと考えられる。

同族総墓制――秋田県・伊藤一族の墓

秋田県河辺郡雄和町水沢の伊藤善左衛門家は、中世末期の加賀の一向一揆《いっこういっき》の盛んな頃（十五世紀末）、加賀の国松任《まっとう》（現・石川県松任市）から秋田へ逃れてきたと伝承されている。

初代善左衛門は、由利《ゆり》地方の道川《みちかわ》に居を定めたが、その後相川《あいかわ》村高野で新田開発をした後、その地を弟に譲り、再び移転して水沢に居を定め、水沢だけではなく、平沢・石田村の低湿地帯に至るまで新田開発を広げていった、と伝えられている。このような周辺地域での宗家の新田開発が、多くの村外分家を残す要因となっている。

伊藤善左衛門家は、分家十七軒・孫分家十九軒・曾孫分家以下十一軒、計四十七軒の宗家である。このうち水沢には十二軒の分家・孫分家が居住しているが、他の三十五軒は他村に居住する分家・孫分家である。この他村の分家のなかには、それぞれが独自の同族集団を構成し、江戸時代には肝煎《きもいり》を務めた家もあるが、宗家との系譜意識は今なおもち続けている。

伊藤一族の墓（＝総墓）は水沢の集落のはずれ、「伊勢詣りの松」と呼ばれる樹齢千年を超える大きな松の下にある。総墓は三段になった円形の石垣に囲まれ、その周囲は木の柵で囲まれている。墓の正面には大きく「總墓」と書かれ、向かって右側面には「文政八乙酉年仲夏」と、左側面には「水沢邑同苗中」とある。

この墳墓は一八二五（文政八）年に建立されたものであるが、それ以前どのような墓標が建てられていたかについては不明である。聞書によると、伊藤宗家初代からずっと（初代善左衛門が死亡するのは一五二二《大永二》年である）同じ墓地であり、そして墓（墳墓）の形態も変わっていないと伝えられている。

戦前には、伊藤一族の「聖地」としてみだりに立ち入ることが禁止されていたという。そして、一九六九（昭和四十四）年十月四日には、この総墓は「伊勢詣りの松」とともに雄和町の文化財にも指定された。

この総墓へ納骨する家々は、現在では宗家と村内の分家全部と村外の分家五軒の計十八軒であるが、明治期までは一族の全部がこの総墓へ納骨をしていた。しかし、江戸時代末期から明治期にかけて、村外の分家は独自の墳墓をもつようになる。これが総墓への納骨を中止する要因となっている。

また、総墓への納骨は、四十九日の法要の後におこなわれ、歯骨を除き（歯骨は大谷廟に納骨される）すべての焼骨が納められる。石塔の上部の笠石をとり、上から納骨をする。石塔のなかは空洞になっており、石塔の下の大きな穴に納められる。その穴は、外側の石垣と同様に石を組んでつくられているが、穴の底面は土のままである。

また、毎年八月七日の七日盆にはこの総墓の清掃をおこなっている。これを「ハカハライ」と呼んでいる。七日の午後、総墓に納骨をしている一族が集まり（一軒一名）、墓と墓地の周辺の清掃をおこなう。そして、その清掃の後に墓前にて酒宴を催す。ただ、一九七〇年代から一族のなかで会社勤めに出る者が多くなり、ハカハライを早朝におこない、夕方になってから水沢の部落会館で酒宴をおこなうことが多くなった。

しかし、それ以前は雨が降らない限り、墓前でおこなうことを常としており、それは墓前での供養、いわば一種の墓前祭的性格をもっていたものと思われる。この意味では、田沢湖周辺の地域でおこなわれている「ハカイワイ」（＝墓前祭）と共通した性格をもつものであるといえるし、墓地・墳墓が祭祀の対象＝「聖なる空間」としてあることを表象しているといえるであろう。

このような総墓について、水沢の人々は「一族は死ぬと一緒になる」と言い、血縁を同じくしているのだから墓を同じくするのは当然と考えている。つまり、総墓は共通の父祖をもった出自集団（＝同族の構成員）であった者が「眠る場」であり、その子孫が「祭祀をする場」でもある。

したがって、一族の人々はこの総墓を「一族の象徴」であるという。一族の団結はこの総墓によって支えられているともいえる。

また、ある者は「現世では本家と分家には差があるが、仏の前では平等である」といい、総墓はそれを表現したものであるという。このなかには浄土真宗の教理が反映しているとしても、総墓は一族のものであるという観念が色濃く反映されている。

この総墓が、同族共同体の象徴的役割を果たしていることは疑いのないことであり、同族の祭祀共同体としての性格を端的に表現するものであろう。

その他の同族総墓制

水沢の伊藤一族の総墓は、周辺地域の墓制にも影響を与えているように思われる。たとえば、雄和町平沢の伊藤間兵衛《まへい》家とその分家三軒が一八五四（嘉永七）年に総墓形式の墳墓を建立している。

また、雄和町銅屋《どうや》の渡辺一族は、同族集団の共同納骨塚と各家を単位とした墳墓の双方を建設している。渡辺一族の墓地は、銅屋のムラ墓地のなかにある。このムラ墓地は同族によって区画され、本家の墳墓を中心として分家の墳墓が並び、その一角に共同納骨塚もある。この各家を単位とした墳墓に納骨するのは焼骨の一部であり、残りの焼骨は同族集団の共同納骨塚へ納骨している。家を単位とした墳墓と同族の共同納骨塚のうち、どちらが先行して建設されたかは明らかではないが、いずれにしてもこの渡辺一族の共同納骨塚も総墓形式の墳墓ということになるであろう。

また、葬法が土葬から火葬へ変化するにともなって、家を単位とした墳墓を廃止して、新たに総墓形式の墳墓を建設した例もある。

長野市篠ノ井の宮崎一族は、一九七三（昭和四十八）年に従来の家を単位とした墳墓の使用を中止して、新たに共同納骨塚を建て、同時に家を単位とした墓誌を建てた。この総墓形式の墳墓の建設にあたり、その建設趣意を述べた碑が墳墓の横に建てられている。

宮崎一族が、このような総墓形式の墳墓を建設した背景には、⑴分家の数が増加し（現在四十数軒）、墓地が狭くなってきたこと、⑵葬法が土葬から火葬に移行したことによって、このような納骨塚の建設が可能になったことがある。

しかし、宮崎一族の墓制をみたとき、家墓あるいは家を単位とした墳墓から総墓形式の墳墓への移行という可視的には大きな変化がみられるものの、この変化は必ずしも従来の墓制からの本質的な変化と呼びうるようなものではない。

というのは、従来は同一墓地内であったが埋葬地と石塔墓地が区分され、石塔墓地は家を単位として建立したが、石塔墓地の前にある埋葬地では死亡した順番に埋葬をしていた。したがって、埋葬地は一族の共同墓地であり、この埋葬地が同族集団の総墓形態の墳墓へ変化したにすぎないからである。

奥能登地方の一村総墓制

石川県珠洲《すず》市三崎町大屋の「ハカドウ」（コツドウとも呼ばれている）は一八三六（天保七）年に建立された。このハカドウは現在でも大屋の人々の共同納骨堂であり、一九八四（昭和五十九）年の調査時では四十四軒のすべての家がこの共同納骨堂を利用していた。

私の調査のなかで、このハカドウに関していくつかの伝承を聞いた。このハカドウの建立に関するものとしては、「当時、はやり病が流行し、数多くの死者がでた。当時の葬法は、死者を火葬に付した後、遺骨を崖下に捨てておくようなものであり、大屋を訪れた修験者がそれをみて墓をつくるように村人を諭した」というものがある。

もう一つの伝承は、「この時期に困窮のために村を捨てて出て行くものが多く、無縁仏になる墓も多かった。そこで村の有力者であった米田喜兵衛が『自分たちもいつ村を捨てるようになるのかわからないから、墓を一つにして村人全体で祀るようにすればムラがなくならない限り無縁仏になることはない』と村人を説得してハカドウをつくった」というものである。

前者の伝承では、ハカドウが建設されるまで大屋には墓がなかったことが前提とされ、後者の伝承では、墓があったことが前提とされている。実際は、〈墓をもつ家〉（臨済宗の人々）と〈墓をもたない家〉（浄土真宗の人々）があったのであろう。そして、十九世紀初頭、村のある有力者が断罪されるという大事件が起こり、それをきっかけに村が荒廃し、離村をする家も多くなり、かつて有力者であった家の墓も無縁化していった。これをみた米田喜兵衛が村人を説得して、総墓形態の墳墓（＝ハカドウ）を建立した、というのが実情だろう。

このようにして設けたハカドウは村人の祖先を祀るというよりも、焼骨を放置すること、無縁化した墓を放置することの祟りを恐れたのであり、コッドウ創設の段階で、このコッドウを通じて祖先の霊を祀るという観念があったとは考えられない。

しかし、現在、八月十五日には厳徳寺《ごんとくじ》でのツトメ後に村人全員がハカドウに詣るという習慣ができあがった。このハカドウへ詣る盆行事には、盆に里帰りをした者も加わり、村人全員が参加している。〈ハカドウ詣り〉の習慣は、ハカドウ建立の時期からのものではなく、昭和のはじめか、早くとも大正時代になってはじめられたものであるということである。それまでは、個別にハカドウに行くことがあったとしても、村人が揃って行くことはなかった。

村人の全員が納骨するハカドウが建設されると、ハカドウがムラの統合のシンボルとして機能していくことは容易に想像できることである。ことに、明治以降の家父長制的な家族イデオロギーの浸透は、この墳墓（＝ハカドウ）を媒介にして新しい観念をつくりあげていく。すなわち、焼骨をまとめて祟りから逃れるためにつくった供養のための施設から、村人の祖先祭祀のための施設へとその性格が変わってきたのである。

これと同じ形態の墳墓が新潟県糸魚川《いといがわ》市押上《おしあげ》でも、一九一六（大正五）年に設けられた。「百霊廟」と呼ばれる総墓形態の墳墓がそれである。これも押上の豪農中村美樹の指揮のもとでつくられ、彼の提唱により毎年盆には法会を催し、十年に一度大祭をおこなっているという。

無墓制と総墓制

浄土真宗（大谷派）が普及している地域では、焼骨の一部を本山（東本願寺）と手次《てつぎ》の寺（檀那寺）に納骨して、残骨はそのまま火葬した場所に放置して、墓を設けないことがあった。墓を設けないことから、無墓制と呼ばれたり、無墓石制と呼ばれてきた。

いくつかの事例を報告しておこう。

［石川県］

白山の麓にある白峰《しらみね》村や尾口村では、焼骨のうちオシャレボトケ（喉仏）、ハッコツ（歯骨）などを拾った後、残骨や灰はすべて捨ててしまう。ある場所では残骨や灰はクグツ（叺《かます》）につめてコウロと呼ばれる灰捨て場などに投げ捨てるという。拾った喉仏や歯骨は本山と手次の寺に納める。

白峰村堂《どう》の森《もり》は、「出作り」（生活の本拠となる集落から遠く離れて耕地がある場合、ある一定期間その耕地近くに小屋を建ててそこに住み込んで農作業をおこない、収穫の後に生活の本拠の集落に戻る習俗）地帯として有名であるが、本山に納骨する以外の焼骨はすべて火葬場に放置される。出作り先で死亡したときにはその周辺で火葬し、冬の間に死んだときには火葬場まで遺体を運ぶことができないので、自分の家の前でも火葬をした。彼らは「火葬した場所が墓だ」と言っている。この堂の森では一九六三（昭和三十八）年にこれまで放置されたままになっていた骨を集めて納骨所を建立した。これを〈ソウバカ〉と呼んでいる。

［福井県］

白峰村に隣接する勝山市北谷《きただに》町木根橋《きねばし》では焼骨の一部を東本願寺と石川県松任市の本誓寺《ほんせいじ》へ納骨し、その他の焼骨は次に火葬があるまで火葬場に放置したままになっていた。次に火葬があるときには、その前の残骨は火葬場近くの山間に捨てられた。したがって、個々の家では墓をもつことはなかった。しかし、昭和初期くらいから、しだいに「先祖代々」と刻んだ家墓をもつ家も出てくるようになった。現在、墓はムラのあちこちに散在しているが、この墓には焼骨を入れる場合と入れない場合があり、家によってその事情は異なっている。

[岐阜県]

揖斐《いび》郡坂内村は単墓制と両墓制と無墓制が錯綜する村であるが、この村の門徒衆には墓がない。しかし、大正期になると寺の境内に墓（共同の納骨堂）が建立されるようになった。たとえば、坂内村広瀬では、妙輪寺の境内に石積みの檀があり、そこに同寺の門徒衆六十戸が納骨をしている。これは一九一四（大正三）年に同村の中井半兵衛の主張によってつくられたものであり、他の門徒衆も同じような共同納骨堂をつくっている。

[長野県]

下伊那郡清内路《せいないじ》村上《かみ》清内路では一村総墓の形態をとっていて、その総墓を「コツドウ」（骨堂）と呼んでいる。このコツドウは、一九一九（大正八）年に建てられたものであり、清南寺の境内の「骨《こつ》垣外《がいと》」と呼ばれる場所に設けられている。それ以前は、清南寺の裏山に穴を掘り、そこに焼骨を埋葬した。それは大きな穴を掘って埋葬するという簡単なものであり、そこに特別な標識があったわけではない（現在、この地には供養碑が建立されている）。もっとも、このような施設も明治十年代にできたものであり、それ以前は、本山に納骨する焼骨以外は、滝の沢、堀田、土佐の清内路川に沿った河原にあった火葬場にそのまま放置されていたものと思われる。コツドウへは本山へ納骨をする遺骨以外のすべての焼骨を納めている。この地域ではコツドウに参拝するという慣習は現在でもない。

無墓制の習俗をとっていた村々では、明治期以降、総墓形態の墳墓を建立する事例がみられる。私の分類では、それが寺院の門徒衆を単位として建立したものは「寺院総墓制」、ムラを単位に建立したものは「一村総墓制」になるが、このような分類は相対的なものであり、墓を建立するようになったという事実が重要である。

総墓制のもつ意味

以上みてきたように、総墓形態の墳墓は、まったく異なった二つの内容をもって存在していることに気づく。一つは、同族集団の祭祀共同体的な性格を前提として、祭祀を共同にするがゆえに総墓形態の墳墓が建設される場合である。このことは同族集団が共同墓地をもつことにも現れるが、墳墓を共同にする場合には、その祭祀共同体的性格が端的に表現されることになる。

もう一つは、無墓制の習俗を前提とした総墓形態の墳墓の建設である。無墓制の村々に総墓形態の墳墓が建立されるようになるのは、明治政府の一連の墓地および埋葬に関する政策（以下、「墓埋政策」と呼ぶ）の影響が大きいだろう。

次章で述べるように、明治政府の墓埋政策は遺体（遺骨）尊重政策を前提として、墓地および火葬場の取り締まりをし、制限を加えていく。このような墓埋政策は焼骨を放置するような習俗は認めなかったし、警察権力の取り締まりをつうじて、遺骨を尊重する観念が形成されてくることになる。

この結果として設けられたのが、無墓地帯での総墓形態の墳墓であったといえるであろう。ここには、墳墓を祖先祭祀の対象とみなす観念は相対的に希薄であるが、この墳墓の建設をつうじて新たな意識が形成されていく。

総墓形態の墳墓は、それがどのような契機で建設されたものであろうと、ひとたびこのような墳墓が形成されると、共同体統合のシンボルとして機能する。

表2は上清内路でおこなったコツドウについてのアンケート調査である。このアンケートでは、先祖の霊はこのコツドウに眠っていると考えるものは少ないにもかかわらず、このような形態の墳墓を合理的であると考え、さらに離村したとしてもこの墳墓に納骨したいと考える人が八割を超えている。このような墳墓にたいしての愛着は、祖先祭祀の観念に媒介されたものではなく、共同体の成員が共通の墓にはいるという事実をつうじて形成された観念であろう。

共通の墓にはいることをつうじて、一方においてはこの墳墓が自分の死後の住処であり、他方においては共同体がなくならない限りこの墳墓が無縁化することはないという意識を形成していく。

総墓形態の墳墓は、自己の死後の住処として自己のアイデンティティを確認する場であると同時に、

質　　問	選　　択　　肢	上清内路	
		実数	比
先祖の霊はどこに眠っていると思いますか	コツドウ（骨堂）	27	33.8
	寺	16	20.0
	仏壇	16	20.0
	わからない	8	10.0
	その他	14	17.5
清内路のように共同で墓を持つということについてどのようにお考えですか	合理的である	59	73.6
	家を単位の墓に変えた方がよい	1	1.3
	土地が狭いから仕方がない	3	3.8
	わからない	2	2.5
	その他	17	21.3
共同の墓ができたのにはどのような理由があると思いますか	昔からの習慣から	48	60.0
	宗教上の理由から	4	5.0
	土地が狭いから	11	13.8
	わからない	10	12.5
	その他	9	11.4
もし今後，他の地域に移転することがあったとしたら自分の遺骨をこの共同の墓へ納骨しますか	納骨したい	65	81.3
	したくない	3	3.8
	どちらでもよい	5	6.3
	わからない	5	6.3
	その他	2	2.5

注―被調査者80軒，複数回答あり。

表2　上清内路の墓制についてのアンケート

無縁になることが避けられる合理的な形態の墳墓であると考えられるようになるのである。これからの墳墓のあり方を考えるときには重要なヒントを与えてくれることになるであろうが、今は問題の指摘にとどめておこう。

第四章　国家による「死」の管理——明治政府の墓地政策

1　神葬祭の推進と自葬祭の禁止

王政復古

明治維新は墓地の歴史にとっても大きな転換点であった。第一章でも述べたように、京都の東山《ひがしやま》招魂社《しょうこんしゃ》は、勤皇の志士たちの墳墓の地に建立したものであった。この招魂社は天皇の名のもとに建立されたものであり、いわば国家祭祀の対象として建立されたものである。古代律令国家は穢れを忌み、それを排除することによって、祭政一致の政治体系を形成した。そして、平安貴族においては「死穢にたいする過敏症」と評されるほど、死穢にたいしての忌避感覚が形成されていた。

その感覚は、どのように変化したのであろうか。王政復古を唱え、祭政一致を唱えるならば、明治新政府は古代の穢れを忌避する観念をも復活してしかるべきであった。しかし、新政府は墳墓の地に招魂社を建立し、さらに国家祭祀を委ねる神官に葬儀をも委ねようとしたのである。

このような神道の変化の意味については、これからの研究をまたなければならない。ここでは次のように述べておこう。

古代の神道と、王政復古を唱え祭政一致を主張した明治維新の神道は、まったく異質なものであった。宗教学者の村上重良は、この時期の神道国教化の中心的な勢力になった「復古神道」について次のように述べている。

　復古神道は、仏教・儒教・道教（日本では陰陽道として展開した）等の発達した外来の宗教との習合によって自己形成と展開をとげてきた神道の歴史の上では、特異な学派神道であり、復古の絶対化と過激な排他性は、あきらかに神道の伝統とは異質であった。（『国家神道と民衆宗教』）

古代の神道とは異質な「復古神道」のもとで、招魂社が建立され、神葬祭が推進され、墓地が〈清き土地〉として位置づけられていくのである。

神葬祭の推進

神葬祭の推進・普及は、神道国教化政策のもとでは、仏教勢力に対抗するためにも不可欠のものと考えられていた。

幕藩体制のもとでは、一七九一（寛政三）年になって、神官やその跡継ぎにたいしては神葬祭を容認したが、その家族については神葬祭による葬儀を禁止したままであった。したがって、維新政府は、神職家族にたいしても神葬祭を容認すること（明治元《一八六八》年閏四月十九日）から出発しなければならなかった。

　水戸藩や会津藩が神式の葬祭を営んでいたことは知られているが、それは公式には儒祭《じゆさい》（儒教に基づく葬祭）として認められていたものであり、神葬祭は吉田家（神道の一派、吉田神道を担う家）の裁可を受けた神官だけに認められていた。江戸時代末期になって神葬祭運動が表面化してくるとしても、明治維新に至るまで、公式に容認されていたわけではなかった。このなかで、きわだった動きをするのが津和野藩（島根県）である。

幕末期の津和野藩や隣藩である浜田藩の神葬祭・離檀《りだん》運動についてここで詳しく述べる余裕はないが、津和野の富長山《とみたけやま》八幡宮の神職であり、藩校・養老館の国学教授・岡熊臣《おかくまおみ》が大きな役割を演じた。彼は、浜田藩で起こった神葬祭運動を応援しながら、自藩での神職者の離檀および神葬祭運動を展開した。彼の主張が容認されるのは一八四七（弘化四）年十一月のことである。

この岡熊臣の遺志を継承して、津和野藩内では一八六七（慶応三）年に「神道興起葬祭改法」政策を実施した。この政策は津和野藩をあげて神葬祭に改めることであり、「葬祭改法」によって神葬祭推進の雛形を示すものでもあった。そして、一八六八（明治元）年に津和野藩の神葬祭の現状を新政府に報告し、「霊祭要録《れいさいようろく》」「喪儀要録《そうぎようろく》」「略祭文案《りやくさいぶんあん》」の三巻を新政府に提出した。この功績が認められ、藩主・亀井茲監《これみ》と福羽美静《ふくばよししず》の主従は明治維新の神祇行政の中枢にはいっていくのである。

神葬祭実施の前提

一八六八（明治元）年に神官家族の神葬祭が容認されたのは、「復古神道」の流れのなかで位置づけられるものであるにしても、この時期に庶民にたいしての、全国レベルでの神葬祭の普及・推進が制度的に保障されていたわけではない。亀井や福羽たちが「葬祭の式は仏法を転じ、古典に基づき、神道に致させ」と論じても、神葬祭を推進するためには、まだ制度的に整備しなければならない、いくつかの問題を抱えていた。

第一は、神仏を分離し、「皇国内復古神道」という神道国教化の実施体制が、まだ充分に整っていなかったことである。神仏分離令（一八六八《明治元》年）による「排仏毀釈《はいぶつきしゃく》」の激しい波はこれから全国に波及するのである。

第二は、神道の国教化である以上、その神社は国家の統制のもとにおく必要があったことである。一八七〇（明治三）年の全国的な神社取り調べ、それに基づく神社の位階化（神宮・官国幣社《かんこくへいしゃ》・府藩県社・郷村社・無格社）の実施と、神職・社家の世襲制の廃止（一八七一《明治四》年）、また一八七〇（明治三）年に実施される社寺上知令《しゃじじょうちれい》（これに基づく寺院の衰退と神社の国家への依存の増加）など、全国の神社が国家のもとに統制・序列化される必要があった。

第三に、宗門人別帳《しゅうもんにんべつちょう》に代わる新しい戸籍がまだ準備されていなかった。宗門人別帳がキリシタン取り締まりの重要な装置であったことは周知のことであるが、キリシタン禁制を旧時代より継承した新政府は、その取り締まりの装置を、依然として寺檀制度に基礎をおく宗門人別帳に頼らざるをえなかったのである。この宗門人別帳に代わる「戸籍法」が制定されるのは一八七一（明治四）年四月であり、「氏子改め」の規則の制定が同年七月、公式に宗門人別帳が廃止されるのは同年十月のことである。

騒動

しかし、このような神道国教化の過程のなかで、現実問題（紛争）を何らかの形で処理する必要もあった。

たとえば、浦上のキリシタン問題である。新しい時代の到来とともに、隠れキリシタンが公然とその姿を現し、維新政府はこの対応に苦慮していた。維新政府は対外国との関係にも考慮しながら、一八六八（明治元）年五月には、その中心的なキリシタン百十四名を逮捕し、翌一八六九（明治二）年十二月には浦上キリシタンの一斉逮捕（三百三十九名）がおこなわれた。このなかから、キリスト教防止のためには仏教の役割が大きいという仏教側の主張や、文明開化としての「信仰の自由」という主張も登場してくることになる。

もう一つは、離檀にともなう仏教勢力との軋轢であった。一八七〇（明治三）年の苗木藩（岐阜県）の騒動がその代表例の一つである。平田国学を学んだ苗木藩藩主・青山直道《なおみち》は一八六九（明治二）年に藩政改革をおこない、その一環として徹底した排仏政策を推進し、藩主や藩士だけではなく、領民に至るまで神葬祭に改めさせた。この地域にあった寺院十五ヵ寺（多くは臨済宗）は廃寺になったが、尾張領内に檀那寺をもつ真宗門徒の塩見村の領民はこれに納得しなかった。このような藩をあげての改宗の動きはそれほど珍しいものではないし、離檀にともなう軋轢はこの時期に限った問題ではないにせよ、苗木藩の騒動は東本願寺を巻き込んだ激しい対立へと展開していった。

仏教勢力との妥協

キリシタンとの対立や仏教勢力との軋轢は、強権的な神道国教化がいかに困難であるかを示している。したがって、神葬祭の普及・推進は、とりあえず仏教勢力との一定の妥協のもとで展開しなければならなかった。一八七二（明治五）年六月二十八日、太政官は同時に二つの布告を出した。一つは、自葬は許さず、葬儀は神官・僧侶に頼むべしとするもの（太政官布告第百九十二号）、もう一つは、氏子より神葬祭を頼まれたときには喪主を助けて諸事を取り扱うべきこと（同第百九十三号）を定めたものである。

前者は、神官・僧侶以外の、すなわち神道・仏教以外の自分の信じる宗教に基づく葬儀＝「自葬祭」の禁止を定めたものであり、後者は神官が葬儀に携わること、つまり神葬祭を公式に認め、全国的に普及・推進するための布告である。さらに、宗門人別帳に代わる戸籍制度や「氏子改め」規則を制定し、神社の国家的系列化を果たした段階でも、なお仏教勢力と妥協し、「国家神道」は試行錯誤を続けなければならなかった。

神葬祭墓地

神葬祭を公式に認め、全国的な規模で推進する態勢が整ったとしても、まだなおいくつかの問題が残されていた。⑴神葬祭のモデルがまだ国民にたいして示されていない。これについては、一八七四（明治七）年八月には教部省稟告として「神葬祭略式」（神葬祭のモデル）が施行された。また、⑵神官が葬儀に携わるとすれば、墓地をどうするかという問題、つまり神葬祭墓地の確保が新たな要求として生まれてくる。さらに、⑶神葬祭への改宗による離檀が大きな社会問題となってくる。

神葬祭墓地については、先の布告の直後、一八七二（明治五）年七月十三日に青山百人町続き足シ山（この地はすでに皇室・華族用の墓地として設定されていた。現・青山霊園元山墓地）と、渋谷羽根沢《はねさわ》村（現・渋谷区立羽沢公園）を神葬祭墓地として設けた（東京府達）。同年九月十四日には、神葬祭墓地の設置が教部省達第十七号によって認められ、さらに十一月二十八日には、青山元郡上邸跡（現・青山霊園）、雑司ヶ谷元鷹部屋跡（現・雑司ヶ谷墓地）、上駒込村元建部邸跡（染井墓地）、深川数矢元町三十三間堂跡（深川墓地）が、神葬祭墓地として追加された。神葬祭墓地は、神葬祭を容認する布告とともにしだいに整備され、これら神葬祭墓地の管理が神官にまかされたのである。

その後、一八七三（明治六）年八月八日に、東京府内の「朱引内」への埋葬が禁止され（第一章三〇ページ参照）、しかも火葬禁止令のもとで墓地不足は深刻になることが予想されたため、翌一八七四（明治七）年六月二十二日、太政官は「墓地取扱規則」を東京府へ布達し、既存の神葬祭墓地とともに計九ヵ所の新設墓地を定めた。

そして、この段階において、新設墓地の管理が神官から「会議所」に移管された。この「会議所」は、幕藩時代の「町会所」を継承するものであり、一八七二（明治五）年に新たに発足し、「道路橋梁掛」「瓦斯灯掛」「養育院掛」「商法講習所」の四つの部門に区分されていたとされる。一八七六（明治九）年九月にはこの「会議所」は廃止され、その事務は東京府に移され、墓地の管理も区務所（区役所の前身）へ移された。このような経過をみると、日本における公営墓地の建設は、神葬祭墓地の展開とともにはじまったといってもよいであろう。

もっとも、一八八〇（明治十三）年以降、神葬祭といえども専用の墓地は認められず（神奈川県伺い十月八日・内務省指令十月二十七日）、新設の墓地はすべて「共葬墓地」となり、神葬祭推進もかげりをみせてくる。この問題は後でまた触れることにしよう。

離檀

離檀については、教部省達第三十四号（一八七四〈明治七〉年七月二十九日）によって、仏教・神道の枠組みのなかで「葬儀ヲ改メ又ハ転宗等人民ノ望ニ任ス」とした。この規定は神葬祭へ改めることを容易にする趣旨で出されたものであるが、それは同時に人民に神道と仏教という枠組みのなかでの「信教の自由」を保障するものであった。

この規定は、一八七六（明治九）年一月十三日に、転宗改式に際しては「従来葬祭受持ノ向ヨリ承認書ヲ申受ケシム」（教部省達第二号）として、転宗については寺院などの承認書を要すると改められた。しかし、再び一八七八（明治十一）年三月四日（内務省乙第二十号）でこの「承諾書」が廃止されることになる。仏教諸宗派から神道への改宗を是認・推進することが基本政策であったとしても、この絵に描いたような「朝令暮改」は、なお改宗・離檀について混乱・軋轢をともなっていたことを示している。

明治初年の神葬祭推進運動は、仏教勢力と一定の妥協のもとで推進せざるを得なかった。そして、神官・僧侶以外の自葬祭を禁止したのは、この規定がもっぱらキリスト教徒に向けられたもので、キリスト教に基づく葬祭を禁止するためであったからである。このような仏教勢力との妥協は、神道国教化を模索する勢力にとっては〈挫折〉ともいうべき出来事であった。しかし、この段階から国家神道は新たな展開をはじめることになる。

もっとも、日本近代の墓地政策はこの神道国教化の挫折から出発するというわけではない。このような宗教上の論理ではなく、公衆衛生政策の展開や地租改正作業のなかで、〈葬る〉という行為に国家行政が直接的に関与せざるを得なくなったときに、新たな展開がはじまるのである。

また、一八七三（明治六）年には「復古神道」にかかわるさらに新たな問題が発生する。火葬禁止の布告である。

2　火葬禁止令

火葬禁止令の背景

火葬禁止は、一八七三（明治六）年七月十八日、太政官布告第二百五十三号「火葬ノ儀自今《じこん》禁止《きんし》候条《そうろうじょう》此旨《このむね》布告《ふこく》候事《そうろうこと》」という短い布告によっておこなわれる。『太政類典』のなかに、どのような経過を経て火葬禁止令が制定されたかについて述べられている。簡単に要約しておこう。

警保寮《けいほりょう》が「従来仏氏ノ遺法ニ出テ死屍ヲ火葬ニスルノ風習之有《これあり》、其事理《そのじり》ノ当否ニ至テハ当寮ノ本務ニ関ラサルヲ以テ暫ク置テ論セス」とする書き出しの伺いを司法省宛に出すのは一八七三（明治六）年五月二十二日のことである。警保寮が問題にしたのは、火葬場の公衆衛生上の問題である。

すなわち、火葬の是非は別として、千住《せんじゅ》駅近くの俗に火葬寺と呼ばれる寺および深川の霊岸寺《れいがんじ》、浄《じょう》心寺《しんじ》等において火葬場を設けているが、死体の焚焼《ふんしょう》による煙と悪臭がひどく、人々の健康を害し、不潔であるとする。これらの寺だけではなく、人家接近の地で火葬することはよくないのでこれを禁じ、悪臭が人家に届かない地を測り、火葬場を設けるよう高議のうえその筋と相談をしてほしいというのが、警保寮の伺いの内容であった。これについて司法省は五月二十五日に太政官に上申し、意見を求めた。

警保寮の上申にたいして、太政官庶務課の回答が寄せられるのは五月二十九日である。この回答では、火葬は「浮屠《ふと》（浮図＝仏僧）ノ教法ニ出テ、野蛮ノ陋躰《ろうてい》ヲ存シ惨劇ノ甚《はなはだしき》敷モノニシテ人類ノ忍ヒ難キ処」と規定したうえで、火葬場の新規替え地を認めるとするならば、火葬を公認することになるので、火葬を禁止すべきだとした。しかし、火葬禁止についてはさしつかえの筋があるかどうか、念のため教部省にも意見を諮問するとする。教部省への下問は六月三日、翌四日にはその回答（教部省答議）が返ってくる。教部省もこれに反対をするわけがない。

かくして警保寮伺いから二週間で火葬禁止は決定されたが、この火葬禁止によって人戸稠密の地では墓地狭隘などの理由によってさしさわりの筋があるかもしれないので、早急に相応の墓地を取り調べておくよう、東京府と大阪府にたいして六月十二日に指令を出し、七月十八日に火葬禁止の太政官布告が出されることになる。

国学思想のなかでの火葬禁止

以上のように、火葬禁止はきわめて短期間のうちに決定されたものであり、公衆衛生上好ましくない火葬場があるという事実を前提として、火葬場取り締まりあるいは火葬場新設の条件を定めた法令の作成を求められたために、太政官は火葬の是非についての判断をせざるを得なかったのである。太政官は、火葬場取り締まりの法令を布告するとすれば、火葬を公認する結果になるという判断のもとで、火葬禁止を決定したのである。

もともと、火葬は仏教と密接なつながりをもっていた。『続日本紀《しょくにほんぎ》』によれば、七〇〇（文武四）年の僧道昭《どうしょう》の火葬がその最初だとされている。しかし、現在ではこのような説は否定され、火葬はそれ以前に大陸からの渡来人によってもたらされ、民間に普及していたと考える人が多い。とはいえ、火葬は大化の薄葬令や仏教思想の影響のもとで上流階層にも普及し、持統天皇が火葬に付されたことは有名である。さらに、寺院への納骨信仰をともなった仏教宗派、特に浄土真宗では一般に火葬がおこなわれており、仏教思想の浸透が火葬を普及させたと考えることができるだろう。

したがって、火葬を禁止すべきという価値理念は反仏教的な色彩をもつものであり、わが国では江戸時代以来の国学・儒学の流れのなかで形成されてきたものである。熊沢蕃山《くまざわばんざん》、大月履斎《おおつきりさい》、中村蘭林《らんりん》、蟹養斎《かにようさい》などの議論がそれである。たとえば、大月履斎は次のように述べている。

国々もせめて国中に火葬を禁ぜられれば、儒法までもなく、日本神明の遺徳とも申すべし、されば今にても、伊勢一国には堅き御法度なりし、神道の遺風少しは残れり、かようなことも、人主なる人知《しろ》し召さば、火葬堅く禁じ給はば、人倫忠孝のはしとも成るべし。（『燕居偶筆《えんきょぐうひつ》』）

さらに、蟹養斎は、喪と祭は儒法にておこなうべきであるとして、「ことに火葬をするは、手にかけて殺すと同じ、甚《はなはだ》悪事なり」（『治邦要旨《ちほうようし》』）とまで言っている。また、土佐藩の野中兼山《のなかけんざん》や会津藩の保科正之《ほしなまさゆき》が、一般庶民の階層にたいしても土葬を奨励したのは有名である。火葬禁止令は、このような儒学・国学の思想が反映されたものであった。

火葬禁止の解除

しかし、この法令も長続きはしなかった。一八七五（明治八）年五月二十三日、太政官布告第八十九号によって火葬禁止令が廃止された。この火葬禁止の解除に際して、土葬の不便有害を唱え、西洋においても火葬の普及が叫ばれていることや、土葬による墓地不足を理由とする火葬解禁を求める動きについて、太政官は「浮屠ノ説ヲ偏信シテ苦情ヲ鳴ラスノミ」と批判を加えている。

しかし、他方で「葬事ノ如キハ人民ノ情ヲ強テ抑制ス可キモノニアラス。素《もと》ヨリ愚夫《ぐふ》愚婦《ぐふ》ノ情実ヲ参酌《さんしゃく》シ各自ノ情願ニ任セ候トモ、行政上差《さし》タル障礙《しょうぎ》モ有之《これある》間敷《まじく》候《そうろう》ニ付」、火葬禁止令は廃止してもさしつかえないとしている。

と同時に、火葬解禁となれば、旧来の弊害も起こりうるので、火葬場設置について一般的な規則を定めなければならないとつけ加えている。火葬場設置の一般的な規則である「火葬場取扱心得」（内務省乙八十号）が発令されるのは、同年六月二十四日のことである。

「火葬禁止騒動」はこれによって一段落するが、これ以降、明治政府の墓埋行政は宗教色を薄めていく。それは、神道国教化の挫折とともに、「国家神道」は宗教にあらずとする新たな思想の形成のなかで、「葬事ノ如キハ人民ノ情ヲ強テ抑制ス可キモノニアラス」とする思想が明治政府のなかで定着したためであるのだろう。

明治政府の墓埋行政は、火葬禁止を解除した後、しだいに脱宗教化していく。もちろん、脱宗教化が脱イデオロギー化であったわけではない。明治政府は、ある一定の墓地観のもとで墓埋行政を進めていく。この問題にはいる前に、公衆衛生にかかわる問題にも触れておこう。

火葬と伝染病

公衆衛生にかかわる問題は、これまでも、おりに触れて述べてきた。火葬禁止のきっかけも、死体の焚焼による煙と悪臭がひどいという公衆衛生の問題であったし、東京府内の朱引内の区域での埋葬禁止（第一章の2を参照）も公衆衛生の問題が絡んでいた。

もっとも、墓地と公衆衛生政策が大きくかかわるのは、遺体の悪臭というレベルの問題だけではなく、伝染病の問題でも結びついていた。

日本においては、コレラは、一八二二（文政五）年、一八五八（安政五）年、そして一八七七（明治十）年と、幕末期から何度かの流行を経験していた。一八五八年に江戸で大流行したとき、その死者の数があまりにも多くなったために火葬がまにあわず、遺体を数日間放置したために臭気がひどく、火葬場近くの人々が迷惑し、寺社奉行がこの事態を問題として、関係者に注意を促したとされている（山本俊一『日本コレラ史』）。

しかし、本格的なコレラの予防対策をたてたのは、文部省衛生局によるコレラについての「意見書」（一八七三《明治六》年九月八日）であり、コレラが流行した一八七七（明治十）年八月二十七日には「虎列刺《コレラ》病予防法心得」（内務省達乙第七十九号）を制定した。

コレラが再び流行する一八七九（明治十二）年には「虎列刺病予防仮規則」、さらに一八八〇（明治十三）年には「伝染病予防規則」、そして一八九七（明治三十）年には「伝染病予防法」（法律第三十四号）が制定され、伝染病一般についての法制度が整うことになる。

これらの規定の内容は、⑴衛生行政に警察権力が関与すること、⑵患者および遺体とその家族を社会から隔離すること、⑶消毒法の準則を定めること、⑷祭礼・集会等を制限すること、などに要約することができる。

このなかで葬法・墓地との関連で重要な問題は、コレラ患者の遺体については、⑴火葬することが奨励されたこと、⑵埋葬（土葬）をする場合にはあらかじめ地方庁において定めた場所でおこなうこと（「伝染病墓地」を設けること）、⑶埋葬遺体の改葬が禁止されたことである。

土葬地帯においてコレラ（伝染病）患者だけを火葬にしたことや、通常墓地に埋葬を許さず、「伝染病墓地」（新たに「伝染病墓地」を設けた地域もあれば、墓地の一角を「伝染病墓地」とした地域もある）だけに埋葬を許したことは、コレラで死んだ後も社会から隔離されることになり、コレラ（伝染病）患者にたいしての差別意識をつくり出していく結果にもなった。

日本の社会は、もともと伝染病患者を地域社会から隔離するという伝統をもたなかった。江戸時代に疱瘡《ほうそう》などの伝染病患者の家に多くの人々が見舞いに訪れたとする記録が残されていることからも想像できる（波平恵美子『病気と治療の文化人類学』）。

しかし、伝染病患者だけではなく、その遺体を含めた社会からの隔離政策は、防疫あるいは公衆衛生の観点からは一定の合理性をもったものであったのかもしれないが、その結果として患者への差別を生み出していく。伝染病患者を出した家が〈ヤマイ（病）マケ〉とか〈血統が悪い〉と呼ばれ、通婚などの忌避の対象になるのは、コレラ流行を機会にもたらされた公衆衛生政策＝近代化の産物であったのである。

3　地租改正作業のなかで——遺体尊重政策

無税地としての墓地

一八七二（明治五）年八月晦日《みそか》大蔵省達第百十八号は、文明開化を推進するという立場からいくつかの旧習を否認した。耕地畔《あぜ》ぎわに遺骸を埋葬することを禁止したのもその一つである。この達は、明治政府の墓地あるいは埋葬方法についての最初の規制である。

また、この直後（九月四日）に、大蔵省達百二十六号「地所売買譲渡ニ付地券渡方規則（追加）」において「墓所地ハ従前ノ通無税地ト可致事《いたすべきこと》」と規定した。

この二つの規定を大蔵省が意図的に関連させて発令したものかどうかは明らかではないが、耕地畔ぎわへの埋葬を禁止したことは、そこに「墓地のあるべき姿」を投影していると同時に、墓地を無税地として処理するためには「墓地」の範囲を明確にし、墓地の概念を明確化する必要に迫られたからである。

その意味では、この二つの規定は、これ以降の明治政府の墓地政策の出発点を示す規定であろう。墓地を無税地としたのは従来の慣行を受け継いだものである。江戸時代においても、墓地は「除地《じょち》」「見捨地《みすてち》」などの名目で高請《たかうけ》（有税）の対象から除外されていたが、現実には曖昧な点を残していた。たとえば、従来高請地であった墓地（高内《たかない》墓地）を無税地とするかどうか、住民が勝手に設けた墓地を無税地とするかどうか、田・畑・畔などの点在する墓地についてはどのように取り扱うか、そしてそもそも墓地をどのように定義するかである。

明治政府は、まず、従来高請地（有税地）であった墓地についても、原則的には無税地とする方針をとる。

また、住民が勝手に設けた墓地については、周囲の状況や埋葬がやむをえない形でおこなわれている場合には、これを「勝手」とは解釈しない（一八七四《明治七》年一月八日、名東《みょうどう》県伺いにたいする指令）とした。

さらに、従来から田・畑・畔などに点在する墓地については、それが一区画をなしている場合には無税とするが、新たな埋葬は許していない（一八八二《明治十五》年十一月九日、山梨県伺いにたいする内務省指令）。そして、一区画をなさない場合には「墓地」とは認めず、課税の対象とする原則を定めた。

墓地の定義

墓地が無税地である以上、墓地の明確な概念づけと墓地新設の制限を必要とした。曖昧な墓地概念と墓地の恣意的な増加は租税体系にも影響を与えるからである。

「墓地」「墳墓」の定義が明確になるのは、一八七四（明治七年）四月二十日内務省地理局発議「墓地処分内規則」によってである。

第一条　死人ヲ埋メ木石等ヲ以テ其地ニ表識スル者之ヲ墳墓ト称ス

第二条　墳墓陳列一区画ヲ為シ政府ノ許可ヲ受ケ又ハ帳場ニ記載スル者之ヲ墓地又ハ埋葬地ト称ス

ここで重要なことは、まず墳墓を定義した後に、「墳墓陳列一区画」をなしている区域を墓地として定義していることである。墓地は単なる「埋葬地」ではなく、「墳墓地」でなければならない。つまり、墓地への墳墓の建立が前提とされ、その墳墓の建立が死者への祭祀供養を目的とするものである以上、墓地は単なる遺体の置き場ではなく、祭祀供養の場でなければならないのである。

もう一つの重要な点は、墓地は政府の許可を受けたものでなくてはならないとすることである。一八七二（明治五）年に耕地畔ぎわへの埋葬を禁止し、一八七三（明治六）年には許可を得ないで墓地を新設することが禁止された。墓地はしだいに国家の管理下におかれるようになるのである。

このような墓地概念は、これ以降の墓地行政にも引き継がれ、現行法に至るまでその定義を変更していない。一八八四（明治十七）年の「墓地及埋葬取締規則」のなかでは、「墓地及ヒ火葬場ハ管轄庁ヨリ許可シタル区域ニ限ルモノトス」（第一条）とあるだけで、墳墓陳列一区画の場を「墓地」として定義した条項はない。しかし、この墓地に関する定義を放棄したわけではない。

現行の「墓地、埋葬等に関する法律」（一九四八《昭和二十三》年）は、この定義を引き継ぎ、墓地は「墳墓を設けるために、墓地として都道府県知事の許可を受けた区域」（第二条）と規定している。「墓埋行政」は、「両墓制」のような、この定義から逸脱をする葬墓の習俗を否定したのである。

墓地の新設の制限

墓地の新設や拡大には許可が必要なことは、太政官布告第三百五十五号（一八七三《明治六》年十月二十三日）によって確認され、その後現在に至るまで維持される墓地政策の重要な柱となっている。その内容はおよそ次のようなものであった。

従来からみだりに墓地を設けることは禁止してきたが、今般私有地について証券（地券）を渡すことになり、この上は心得違いの者が出ないように、耕地や宅地はもちろんのこと林や藪であっても許可を得ずして新たに墓地を設けること、あるいは墓地の区域を広げることは禁止する。ついては、これによってさしさわりが出る郷村もあるかもしれないので、管轄下の一般諸寺院境内をはじめとして、その他永久墓地に定めるべき場所を取り調べて図面を添えて、大蔵省へ伺いを出すように、この旨通達を出す。

この布告は、新たに墓地を設けるとき、あるいは区域を拡大するときには、たとえ私有地であっても、大蔵省へ伺いを出して、許可を求めなければならない、としている。もっとも、この段階では、新設墓地といってもまだ神葬祭墓地（教部省達第十七号）は特別扱いされたし、一般新設墓地にしても「不毛ノ地ニテ一村乃至《ないし》二三村永世共有墓地」（一八七四《明治七》年一月八日、名東《みょうどう》県伺いにたいする内務省指令）を容認していた。

しかし、墓地の新設はしだいに「共葬墓地」（「宗旨若《も》クハ種族ニヨリ之レヲ別設」しない墓地）に限定して認めるようになる（一八七八《明治十一》年十月一日、神奈川県伺にたいする指令）。そして、一八八〇（明治十三）年には神葬祭独自の墓地の新設も容認されなくなった（同年十月八日、神奈川県伺いにたいする指令）。

このように墓地行政のなかでも脱宗教化が進行している。神道国教化が挫折するなかで、新たな

「国家神道」の形容を予感させるものである。

明治政府の墓地観

明治政府は、墓地概念の明確化をつうじて、墓地を、どのような意味をもつ空間とみなしていたのであろうか。

耕地畔ぎわに埋葬することを禁じたのは、その地が常に掘り返される可能性があること、耕地畔と墓地の境界が曖昧になることを恐れてのことであろう。後には、耕地畔ぎわにある墓地は衛生上よくないという判断もあったかもしれない。しかしこれだけの資料では、明治政府が墓地空間をどのように考えていたかを明らかにはできない。

明治政府が墓地について論じるとき、いくつかのパターンがある。その一つは、新たに墓地を設ける場合、どのような土地が望ましいと考えているかということである。この場合には、「不毛の地」「荒廃の地」「薄税地」という表現がめだつ。

墓地を無税地として規定する以上、耕作に適さない土地に墓地を設定することは当然の成り行きであろう。耕地畔ぎわの墓地を否認したのも、一方では「墓地のあるべき姿」を念頭におきながらも、他方では墓地と耕地の境界線が曖昧になることを恐れたからであろう。

もっとも一八七七（明治十）年以降しだいに「不毛の地」などの表現は減少し、衛生上問題がないかどうかに力点がおかれることになる。

もう一つのパターンは、「墓地のあるべき姿」を問題とするときである。たとえば、大蔵省が太政官宛におこなった伺い（一八七三《明治六》年八月四日）には「墓地ノ儀ハ外ノ潰地ト違ヒ永世可起返目途無之潰ノ儀ニ付」とある。ここでは、墓地は他の潰し地とは異なり永久に掘り返すめどがないものであるとし、さらに続けて都市計画の必要に基づいて改葬をおこなうことは人情に反し、火葬に比べても残酷な処分であるとしている。

これと同様の表現は、一八七四（明治七年）六月二十二日の太政官より東京府への達《たつし》（新設墓地を定めた「墓地取扱規則」の前書き）のなかにもある。

墳墓ノ義ハ清浄ノ地ニ設ケ永遠保存スヘキモノニ府下従前墳墓市街ニ望ミ往々街区路線ノ改正ニヨリ発柩《はっきゅう》改葬《かいそう》等《など》有之《これあり》人情《にんじょう》ノ忍サル次第ニ付……。

「情実忍ヒ難キ」改葬

明治政府は、改葬については、それがたとえ法律違反に基づくものであったとしても、「人情ノ忍サル次第」として改葬を命じていない。

一八八〇（明治十三）年四月二十三日の山梨県の伺いは、墓地の区域を誤り隣接寺院境内に埋葬した件について、「法衙《ほうが》（裁判所のこと）ニ於テ違令ノ処刑ヲ受ケタル上ハ」遺骸は墓地区画へ改葬致すべき筋と考えるが念のために伺いを出したとするのにたいし、指令は改葬すべきだとしながらも、墓地区画判然とせず誤りやすい場合には墓地区画を改め、再び伺い出るよう述べている。ここでも改葬はよほどのことがない限り指令していない。

また、一八八六（明治十九）年七月十二日の兵庫県伺いでも、一八八〇（明治十三）年に実父の遺体を自己所有の秣場《まぐさば》に埋葬し、一八八五（明治十八）年に自首をしてきたが起訴猶予処分となり、その者が今度は実父を埋葬した土地を墓地に改めたいと願い出たことについて、一坪だけを「以後埋葬を許さない墳墓地」として認めたいとする伺いにたいし、内務省は「聞届」と指令している。

このように、明らかに法規違反にもかかわらず、改葬を命じることは「情実忍ヒ難キ義」として現状を容認している。改葬を命じることについて「情実忍ヒ難キ義」とするのは、明治政府の遺体にたいしての一定の態度、すなわち遺体を保存し、尊重すべきだという、一定の価値観がそこに反映されているとみるべきであろう。

もっとも、後に警保局・地理局は、許可をえず墓地以外に埋葬した場合は直ちに改葬させるべきであると通知し（一八八四《明治十七》年八月十三日）、ただ埋葬後日数が経過し遺体が腐乱し、衛生上問題がある場合には事実を調べて稟議《りんぎ》するように求めている。

「清浄ノ地」としての墓地――遺体尊重政策

遺体を尊重し、みだりに改葬すべきではないという明治政府の方針は、「墳墓ノ義ハ清浄ノ地ニ設ケ永遠保存スヘキモノ」（前述、一八七四〈明治七〉年）、すなわち墓地は清浄の土地であり、祖先祭祀の対象として永遠に保存すべきだとする思想に規定されている。

当時、墓制に関する習俗は多様であり、遺体遺棄とでも呼べるような習俗が多様な形態で存在していた。それらの習俗にたいして、それぞれの県レベルにおいても「告諭《こくゆ》」という形で、さまざまな通達が出されている。

愛媛県では、墓地が狭く何度も掘り返して同じ墓地を用いるために、墓穴を掘るときに遺骨を放り出し、あるいは鍬《くわ》で棺や遺骨を毀傷《きしょう》する状況を指摘して、「埋葬の壙《あな》ハ死者無窮《むきゅう》の家屋なればなるべく動きなきやうに心を尽し、やもう得すして合葬するものは身寄或は朋友に托し遺骨を毀《そこな》ふことなかるべし」と諭し、朝廷から墓所取り調べの沙汰があるときには墓地として「清き土地御定相成べく」としている（愛媛県布達第百六十四号、一八七三〈明治六〉年十二月二十八日）。

さらに、埼玉県では「両墓制」の習俗について指摘したうえで、「親子兄弟自他ノ分チナク死屍ヲ投捨ルハ、犬猫ノ体骨ヲ捨ルモ同シ取扱ニテ実ニ人情ノ忍ハサル所ナリ」と批判する。

埼玉県の「告諭」は、墓碑を建立するのは「銘々《めいめい》祖先以降ノ生霊ヲ祭リ死去ノ年月ヲモ彫刻シテ基本ニ酬ント思フカ故」であり、「今開明ノ御仁政ニ浴シナカラ、此旧垢《このきゆうこう》ヲ洗除セスンハ御政体ニ相触《あいふ》レルノミナラス、人倫ノナスヘキ道ナラネハ貧富分ニ随《したがっ》テ木石ヲ撰マス、埋葬ノ地ニ墓シルシヲ建尊敬追祭シ、決テ前ノ如キ宜シカラサル執行致ス間敷事《まじきこと》」として、埋葬地に墓碑を建立し、先祖を祀るように論じている（一八七四《明治七》年三月）。

ここで見られる墓地観は、墓地は「清き土地」に定めるものであり、その土地は「永久の潰し地」（永久墓地）であり、「死者の住処」であり、「祖先祭祀の場」であるというものである。したがって、遺体は損なうべきではなく、墓地をみだりに掘り返して改葬すべきではなく、したがって埋葬地を「捨て墓」とするような「両墓制」の習俗もまた否定されるべきものなのである。

「両墓制」習俗の否定

両墓制の否認は、「墳墓」および「墓地」を一体のものとして規定する「墓地」の定義からすれば当然の帰結である。そして、両墓制習俗の否認は、明治政府によって何度もくり返して確認されることになる。たとえば、一八七五（明治八）年の兵庫県の伺いである。少し煩雑になるが引用しておこう。

〇明治八年　月（ママ）日　兵庫県伺

従来遺体埋葬地ト石碑建設地ト各別ニイタシ、葬地ニハ石碑ヲ設ケス、石碑建設地ニハ歯髪ノ類《たぐい》ノミ埋設致来リ候村々数多有之昔年ノ習慣一旦ニ改メ難キニ付、累代建碑ノ地其儘《そのまま》被据《すえ》置度《おかれたく》旨《むね》申出《もうしいで》、右様ノ場所ハ埋葬モナサス只石碑ノミ据置候義ニ付在来ノ分ハ税地ノ儘差置キ可然哉

（以下省略）

○内務省指令　明治八年五月十二日

第一条　建碑埋葬地ハ各別分置セルハ不都合ナレトモ、積年ノ慣習一時引直シ難キ事情モ有之候義ニ候ハ、、従来取立ノ分ハ申出ノ通リ取計《とりはからい》、向後《きょうご》新ニ取設クル義ハ相成ラス（以下省略）

伺いは、両墓制の習俗を説明した後、「石碑」だけを建てた場所は課税するかどうかを尋ねたものである。その指令は、課税については従来通りとしたうえで、このような墓制は不都合とし、新たに埋葬地と石碑を別にすることを禁じている。

また、一八七六（明治九）年四月二十四日の栃木県の伺いでも両墓制を否定する。栃木県の場合は、いわゆる「詣墓」の建立について「唯其《ただその》石碑ノミニテ建設候《そうろう》義《ぎ》ハ別ニ禁止セル、ノ明文モ無之候《これなくそうら》得《え》共《ども》、就《つい》テハ断然制止候次第ニモ難相成《あいなりがたく》、去迚《さりながら》墓碑ノミ相建候《あいたてそうろう》義《ぎ》其儘差《そのままにさし》置候《おかれそうろう》テハ、遂ニ埋葬地ニアラサルヤ否ヤ真偽混交ノ弊害ヲ来《きた》シ、加フルニ人民自ラ先人ノ墓地ヲ忘ルノ不都合《ふつごう》有之《これにある》哉《や》モ難計《はかりがたき》ニ付、石碑ノミト雖《いえ》トモ墓地ニ非スシテ相設候義ハ差止メ不苦哉《くるしからず》」との伺いにたいし、「書面伺ノ通」と指令している。

石碑だけの建立を法令違反とする規定はないが、このような石碑の建立を差し止めてもよいかという伺いにたいし、指令はそれを容認し、埋葬地と石碑を別につくることを明確に否定したのである。明治政府の「両墓制」の否定、遺体を掘り返す改葬についての慎重な姿勢は、墓地が「清き土地」

であり、「死者の住処」であり、「永久の潰し地」であるとすれば、当然の結果であるといえよう。「遺体」と「墓地」と「墳墓」を一体のものとして認識した「墓地」の定義は、墳墓が祖先祭祀の対象であり、遺体は尊重すべきであるという明治政府の「墓地」観を法的に表現したものであったのである。

4 「墓埋行政」の到達点――「墓地及埋葬取締規則」

墓埋行政の脱宗教化

一八八四（明治十七）年十一月八日太政官布告第二十五号「墓地及埋葬取締規則」は、明治初年の埋葬や墓地に関する行政（＝墓埋行政）の集約であり、かつ到達点として位置づけられるものである。一言で要約するならば、「人間の死をとりあえず宗教から切り離し、国家行政の管理下においたもの」といえるであろう。

「墓地及埋葬取締規則」の制定理由を太政官の「参事院議案」（一八八四《明治十七》年九月十八日、二十日）は、「埋葬上ノ取締ハ専《もっぱ》ラ宗教力ノミニ頼リ能《あた》ハサルヘキノ傾向之《これ》アルニ付此際《つきこのさい》警察権ニ依リ其取締ヲ為サシムルハ最至当ノ義ナリ」と述べている。

墓埋行政から宗教上の問題を分離することは、明治初年の神道国教化や「自葬祭の禁止」の流れからみると、百八十度の政策の転換であるといわなければならない。

墓埋行政における脱宗教化は、墓埋行政自体が公衆衛生政策や地租改正の問題、さらには墓地の建設が都市計画上の問題とも絡んできたとき、つまり宗教の枠組みでは処理しきれないことを明治政府が自覚したときにおこなわれたことになる。

もともと、明治国家の墓埋政策は、神道のあり方とも密接な関連をもつものであった。神道と墓埋行政との関連は、神葬祭の推進、いわば神道国教化のなかでその結びつきを強固なものにするが、一八八〇（明治十三）年に神葬祭専用の墓地の新設を認めなくなったこと、決定的には一八八二（明治十五）年に国家祭祀の担い手としての神官たちにたいして葬儀への関与を禁止したときに、墓埋行政の脱宗教化が完成することになる。

「信教の自由」と国家神道

明治初年の神道国教化政策は、キリスト教の禁止と仏教勢力への攻撃を基軸として、神道教義の一元化をはかるものであった。しかし、一八七二（明治五）年六月に自葬祭の禁止が布告されたとき、神官だけではなく、僧侶にも葬儀に携わることを容認せざるを得なかったことは、神道国教化政策の〈挫折〉を意味していた。

この挫折は、国家機関にも反映されることになる。神道国教化の中心勢力であった神祇官が、一八七一（明治四）年八月太政官下の神祇省に格下げされ、さらに神祇省が一八七二（明治五）年三月には廃止され、教部省が新設された。

「三条の教則」（敬神愛国の旨を体すべき事／天理人道を明らかにすべき事／皇上を奉戴し、朝旨《ちょうし》を遵守せしむべき事）に基づいて国民教化政策を目的とする教部省は、神道勢力だけではなく、仏教勢力をも国民教化政策の枠組みに取り込みながら、一元的な宗教統制政策を実現する。

さらに、一八七二（明治五）年四月には、この国民教化の担い手として教導職がおかれ、神官だけではなく僧侶もこの教導職に任命された。さらに、九月には大・中・小教院の設置が決まり、そこでは「三条の教則」に基づいた、まさに「神仏合併布教」が展開された。自葬祭の禁止規定もこの文脈のなかで考えなければならない。

しかし、このような仏教勢力との妥協は神道の位置づけを曖昧なものにしたし、他方では、教部省の仏教への干渉は仏教界をも混迷させた。真宗四派の大教院脱退、大教院の解散は、明治国家の宗教政策全体の見直しを余儀なくさせるものであった。

一八七四（明治七）年の段階において、人民にたいしては「信教の自由」（離檀の自由）を保障していたが、一八七五（明治八）年十一月、教部省は神仏各管長にたいして「信教の自由」を保障する旨の口達《こうたつ》を発した。この口達は、天皇と神社の宗教的権威を前提として（その意味では「神道」優位の原則は維持しながら）、各宗派に「信教の自由」を認め（つまり布教の自由を認め）、その結果として各宗教に国策への奉仕義務を負わせるものであった。

この「信教の自由」は、天皇と神社の宗教的な権威（神社崇敬）を承認させたうえでの「信教の自由」であり、著しい自己矛盾をはらんだものであった。したがって、この矛盾を克服するためには新たな論理を必要とした。すなわち、神社神道は宗教ではなく、一般宗教とは異なった超宗教（＝国家祭祀）であるという論理がつくり出されるのである。

一八八二（明治十五）年一月二十四日、「自今神官ハ教導職ノ兼補ヲ廃シ葬儀ニ関係セサルモノトス。此旨《このむね》相達《あいたつし》候事《そうろうこと》。但《ただし》府県社以下神官ハ当分従前ノ通」とする達《たつし》が出された（内務省達丁第一号）。官国幣社の神官に人々の死後の救済（＝葬儀）から手を引かせることによって、神官は国家祭祀に従事するものであり、神社祭祀は国民的習俗として、一般宗教から区分し、神社崇敬は宗教にあらず、とするのが政府の公式見解となった。

敬神崇祖

ここで、もう一つ確認をしておかなければならない問題がある。国家神道のなかに、言い換えるならば、天皇（＝皇室）祭祀と神社祭祀のなかにどのようにして「祖先祭祀」の観念が組み込まれてきたかという問題である。

「三条の教則」でいう〈敬神〉とは「皇室の祖宗であり、功臣、家の祖先などへの崇敬・祭祀である」という主張は、この当時にすでにおこなわれていたことであり、〈敬神〉という観念のなかで、国家祭祀と祖先祭祀が同一の枠組みのなかで語られているのである。このことは、墓地の歴史にとっても、きわめて重要な意味をもつであろう。

実際、明治初年には「記紀神話」と皇霊《こうれい》をめぐる、おびただしい祭祀が新たに定められた。この祭祀は皇室の祖先祭祀であり、この延長線上に陵墓の取り調べ、および陵墓祭祀がおこなわれるのである。

問題は、このような皇室の祖先祭祀、陵墓祭祀が明治政府の墓地観に与えた影響である。明治政府が墓地を「清浄の地」として認識していたことはすでに述べた通りである。

このような墓地観は、陵墓を皇室の祖先祭祀の対象として位置づけることをつうじて必然的に形成されることになる。墓地が死穢によって汚れた場所であれば、それは決して祭祀の対象にはなり得なかった。しかし、皇室の祖先祭祀の観念や墓地観は決して民衆レベルの祖先信仰によって影響を受けたものではない。あくまでも国家神道形成の流れのなかでつくり出されたイデオロギーなのである。

自葬祭禁止の解除

もう一度、話を「墓地及埋葬取締規則」に戻そう。墓埋行政が脱宗教化するためには、どうしても「国家神道」が宗教を超えたものであり、国家祭祀を担う神官が葬儀に携わることを忌避しなければならなかった。一八八二（明治十五）年一月にこの枠組みが整えられたが、実際に自葬祭の禁止が解除されるのは、一八八四（明治十七）年十月二日のことであった（太政官口達）。

この自葬禁止の解除によって、はじめてキリスト教を含めた「信教の自由」が公式に保障されることになった。

「墓地及埋葬取締規則」は、この自葬禁止の解除を前提とし、制定されたものである。したがって、この法律のなかでは、墓地と埋葬に関する公衆衛生や治安維持に限定した内容が規定されることになる。また、宗教に「死」を委ねるものでない以上、「死の認定」もまた統一的な基準でおこなわなければならなかった。

死亡届

「墓地及埋葬取締規則」第四条は、区長もしくは戸長《こちょう》の許認証がなければ埋葬できない旨を規定した。この規定には、どのような条件のもとで埋葬許認証が区長あるいは戸長から発行されるか規定していない。

埋葬許認証の発行に触れたのが、「墓地及埋葬取締規則施行方法細目標準」第十一条である。ここでは、「主治医ノ死亡届書ヲ添ヘテ」許認証を乞うべしとして、死亡の確認および変死の場合の検視の役割を医師（胎児の場合は医師もしくは産婆）に求めたのである。

従来「死」をどのように認定していたかは必ずしも明らかではないが、変死の場合においては、村役人が僧侶の立ち会いのもとで検視をする事例がしばしば報告されており、また、通常の死の場合において、僧侶が来るまでは遺体を北枕に直さず、僧侶が死を確認して枕経をあげ北枕に直したとされている。

とすれば、「死」の認定は村役人や僧侶の役割であり、これに医師が関与するのは明治以降のことになるであろう。

もっとも、医師の作成する「死亡届」については、この「細目標準」によってはじめて定められたものではない。一八七六（明治九）年二月五日には、内務省達乙第十三号で「死亡届書式」、一八八〇（明治十三）年七月十四日には、より詳細な規定をもつ「死亡届並埋葬証規則」（東京府布達）が定められている。「細目標準」における死亡届の規定もこのような経過をふまえてのことであった。

このような「死亡届」や「埋葬許認証」という埋葬に至るまでの手続きの基準を定めたことは、「墓地及埋葬取締規則」の近代法としての性格を表現するものであったし、「死」の認定そのものを国家の管理下においたことを意味するであろう。

墓碑銘

「墓地及埋葬取締規則」が公衆衛生法規として純化することができなかった理由は、同第七条に

「凡ソ碑表ヲ建設セント欲スル者ハ所轄警察署ノ許可ヲ受クヘシ」とし、さらに許可を得ずして建設したものは取り除くこと、また墓地外へ建設したものも同じ扱いをすることを規定したことによる。

この種の規定をおくことについて、太政官参事院は反対をした。その理由は、この規定は治安維持に関するものであり、他の規定と著しく均衡を欠くというものである。おそらく参事院はこの「規則」を公衆衛生法規として純化すべきであることを考えていたのであろう。

「墓地及埋葬取締規則」内務省案では、葬儀の所轄警察署への届出義務を規定していた（内務省案第七条）。この原案の趣旨説明として、内務省は墓地および火葬場の取り締まりを所轄警察署でおこなう以上、葬儀もまた警察署で照顧すべきであるとした。

宗教に代わって警察権力が葬儀の取り締まりをおこなうべきであるというのが内務省の見解である。これについては、葬儀の届出が煩雑になると考えたのか、採用されなかった。

しかし、墓碑銘の届出については、内務省は「紀年碑表建設スル者往々時事ニ関シテ事跡若クハ言論志望等ヲ記述シ治安ヲ妨害スルノ具トナルヘキモノ無キニシモアラス」として、治安対策からも必要な規定であると主張した。

内務省のこのような強硬な姿勢の背景には、西南の役における西郷隆盛の存在があったのかもしれない。

墓制に与えた影響

「墓地及埋葬取締規則」は、墓地・埋葬をめぐる公衆衛生・治安維持の二つの側面を含有しながら制定された。また、「墓地及埋葬取締規則」は、明治政府の脱宗教化をはかった墓埋政策の到達点ではあるが、民間の墓地や埋葬に関する習俗を基礎として形成されたものではない。明治政府の一定の墓地観を前提として、これまでの墓埋法規の延長線上に制定されたものであった。

それは、何よりも地租改正事業のなかで確定される「墓地」の定義にかかわっている。すなわち、「墓地」以外の埋葬を禁止したということは、実質的には次の点において重要な意味をもった。まず第一に、実質的に葬法を制限したことである。「墓地」以外に埋葬を許さないとするならば、火葬および土葬以外の葬法は事実上不可能となったことである。一八八五（明治十八）年十月二十七日の静岡県の「火葬ノ遺骨ハ人々ノ信仰ニヨリ墓地外へ埋葬不相成《あいならず》儀《ぎ》ニ候《そうろう》哉《や》」との伺いにたいして内務省は「伺ノ通」と指令している。

第二は、遺体（遺骨）遺棄の習俗にたいしては、この「規則」によって大きな影響を受けたことである。埋葬地に墳墓を建立しない習俗は各地に見受けられたが、この時期以降このような習俗はしだいに姿を消していく。その一つはこれまでにも触れてきた「両墓制」の習俗である。もちろん、現在に至るまでこのような習俗を維持している地域もあるが、それでもこの時期に両墓制の習俗を廃棄した地域は多い。また、いわゆる「無墓制」の村々にも大きな影響を与えたことはすでに述べた通りである。

さらに、屋敷墓についても、衛生上の理由によって事実上埋葬が許されなくなる。この屋敷墓の問題は、遺体遺棄の習俗とは異なったレベルの問題ではあるが、この「規則」によって影響を受けた墓制であることには変わりがない。

何よりもここで確認をしておきたい問題は、民俗レベルでの多様な墓制の統一化・平準化がおこなわれたことであり、遺体尊重政策を前提として遺体（遺骨）・墳墓・墓地を共通の枠組みでとらえたことは、墳墓を家督相続の特権として位置づける明治民法にとっても、きわめて好都合な背景でもあったことである。

第五章　祖先祭祀と墳墓

1　明治民法における祖先祭祀と墳墓

墓は祖先祭祀の対象か

墓地や墳墓が祖先祭祀の対象であるというのは、自明のことではない。墓地あるいは墳墓が祖先祭祀の対象として子孫によって継承されていくのは、上層階層においても、中世もおそらくは末期になって確立したものであろう。

もちろん、その萌芽はそれ以前にもみることができた。平安時代末期の藤原氏の宇治木幡の墓地のように、墓地が私的に占有され、そこに私的寺院が建立された。また、高野山納骨にみられるように、遺骨についての忌避感覚はしだいに希薄になり、さらに都市空間のなかに墓地が組み込まれるようになってきた（第二章参照）。

以上のことを考えあわせるならば、墓地を祖先祭祀の対象として認識する萌芽は平安時代末期に求められるかもしれないが、墓地や墳墓が祖先祭祀の場として代々にわたって継承されていくには、まだしばらくの時間が必要であった。

庶民階層になると、この時期はもっと遅くなるであろう。墓地や墳墓が祖先祭祀の対象として継承されるためには、その継承の担い手となる家が形成されなければならないし、その家の継承が墓地や墳墓の継承と結びつかなければならない。

一般には農民階層における家の形成は、十七世紀後半、小農の自立とともになされたといわれる。したがって、墓地や墳墓が祖先祭祀の対象として継承されるようになるのはこの時期以降のことであり、また家観念の形成があったとしても、そもそも墳墓や墓地をずっと〈祀る〉対象としてみなさなかった地域も多かったことを知っておかなければならない。

つまり、墓地や墳墓が祖先祭祀の対象になるのは、ある一定の歴史的段階においてであり、しかもそれは日本社会に普遍的に妥当するものではなかった。

この「墓地や墳墓をずっと〈祀る〉対象としてみなさなかった」ということは、たとえば前に述べた「無墓制」の習俗のなかにみることができる。

「無墓制」の習俗は、浄土真宗地帯にみられるもので、一部の焼骨を本山や手次《てつぎ》の寺に納め、ムラのなかには墓地や墳墓を設けないというものである。門徒衆は、死者の祭祀を宗教（＝浄土真宗）に委ね、少なくとも墓地や墳墓を設けなかった。さらに、死者を供養するという観念が形成されていたとしても、その死者供養が必ずしも家の祖先祭祀と結びつかなかった地域も多い（第三章の4参照）。

これは、宗教意識にかかわる問題であるというより、家族や親族の社会構造に規定された問題である。つまり、家族や親族の多様な社会構造が多様な形態の死者祭祀をつくり出すのである。そこでは、祖先＝死者祭祀が必ずしも家によって規定されていない地域も多いのである（本章の3参照）。

装置としての家

とはいえ、墳墓や墓地を家が担い、家によって継承されるべきであるという観念は、多くの社会で形成されたし、現在に至るまで多かれ少なかれ支配的な観念として維持されている。

このような観念が歴史的な所産であることはすでに述べた通りであるが、もう一つ確認しておかなければならないのは、家の存在は単純に民俗的な事実に還元できるような問題ではないことである。つまり、家はそれぞれの時代の支配体制の末端に位置づけられたものであり、多かれ少なかれ支配権力の統制のもとにおかれてきたということである。

農民階層の家は十七世紀後半に形成されたものであり、家を単位として村が構成された。その家は、村にたいしては、水利や入会地にたいしての権利・義務をもち、領主にたいしては一定の石高を担う農民（＝本百姓）として年貢や夫役《ぶやく》を負担してきた。つまり、農民階層の家は、幕藩体制の支配原理である「石高制」の末端を担うものとして、その石高を担い、年貢の負担者として、その存続を要求されたのである。

家の継承、すなわち家族の連続性の維持は、支配権力にとってみれば、私的な財産や祭祀の相続のレベルの問題ではなく、末端において石高を担う年貢の負担者の確保にかかわる問題であり、支配の根幹にかかわる問題であった。

家が農業経営の単位であり、年貢の負担者である以上、その家の維持・継承は幕藩体制にかかわる問題であったのである。

したがって、家の継承者は、一般的には血縁の男子が期待されていたとしても、血縁の男子によって家が継承できないときには、たとえ非血縁者であっても養子をとって、その家を継承させなければならなかった。

村にとっても事情は同じである。村請制のもとで年貢や夫役の負担が村の共同責任のもとにある以上、村を構成する家がどのように継承されるかは重要な問題であった。このような状況のなかで、家を継承するさまざまな装置が用意されることになる。

第一は、養子制度である。子供がいない場合に養子をとって、家の継承者を確保することは一般的におこなわれていることである。また、子どもが女子ばかりのときは、女子に婿養子をとり、家の継承を確保する。

この種の家継ぎの養子は、必ずしも血縁者であることを必要とはしなかった。家はまず存続させることが要求されたのであり、養子制度は家の存続のためには不可欠の装置であった。

第二は、「カブツギ」である。カブツギとは家の何らかの事情によって跡継ぎが確保できず絶家になったとき、その家を一時的に村や親族が預かり、適当な機会にそれを再興することである。

どのように家株を誰が引き継ぐかは村の社会構造に規定されているが、一般的にはこのカブツギによってその家に付属する一切の権利・義務、親族関係、そして墳墓も継承するのが普通である。

したがって、家が国家の支配体制の末端を担うものである以上、家の継承にかかわる問題は、単なる民俗レベルの問題を超えて、国家制度にかかわる問題として考えなければならない。

そして、祖先祭祀の観念もまた家の継承を求めるイデオロギーとして構築され、明治国家に至っては、それが「国民道徳」として基礎づけられるのである。

明治民法における「家」制度

明治民法も、家の継承を求め、家族の連続性を確保しようとする限り、このような装置を採用しなければならなかった。

明治民法は非血縁者であっても絶家の再興を容認したし（明治民法第七百六十二条）、非血縁者が養子となって「家」を継承することを容認した。

明治民法の起草者である穂積陳重《ほづみのぶしげ》は、「家は其始めに於ては祖先の祭祀の場なり。戸主は祖先祭祀の祭主にして又祖先の代表者なり。財産は祖先の遺産なり。婚姻及養子は祭祀承継者を得る為に公認せられたる制度なり。相続も祖先祭祀の義務の継承なり」（「祭祀と政治法律との関係」『穂積陳重・八束《やつか》進講録』一九二九〈昭和四〉年）と論じ、明治民法における「家」制度は、婚姻・養子・相続制度を含め、祖先祭祀を継続するための法的装置であり、家族の連続性を維持するのは、祖先祭祀を継承しなければならないからであるとした。

しかし、「家」の継承を求めることと祖先祭祀の継続を求めることは、それが無媒介に結びつくとすれば、矛盾を含むものであったと言わなければならない。なぜならば、祖先祭祀は本来、祖先と子孫の血縁関係を前提とし、同じ祖先から出た同じ血筋の人々によって担われるべきものであるからである。

血縁原理を厳格に適用するとすれば、非血縁者をも養子とすることを容認した養子制度は、祖先祭祀の原理と矛盾することになる。穂積陳重が執拗《しつよう》に養子制度を取り上げたのもこの問題にかかわっていた。

「祖先の霊は非血族者の祭を響《う》けず」とする異姓養子（異なった姓をもつ人＝父系親族集団に属さない人を養子にすること）の忌避についての議論は、江戸時代の儒学・国学のなかでもおこなわれてきたことであり、賛否両論が展開していた。

また、異姓養子の忌避については、乃木希典《のぎまれすけ》が二人の息子を戦争によって失った後、断固養子の勧告を退けてきたこととも関連して、明治民法施行後においても、議論の対象になってきた問題でもあった。

異姓養子の問題について、穂積は次のように説明した。異姓養子の正否は、養子制進化の時代によってその判断を異にするものであって、家督相続の時代にあっては、家督継承の適材を得ることであれば収養の範囲を同姓に限定する必要はないとし、国家の発展に応じて異姓養子の禁は緩むものであるとした。

さらに、日本は古来同祖国の伝説を有し、皇室を総本家とする一大家族であるのだから、たとえ祭祀の承継が養子をとる唯一の目的であるとしても、異姓不養（異なった姓の者を養子としないこと。中国漢民族や韓国ではこの原則が支配している）を乱倫《らんりん》として禁止する理由はどこにもない、とするのである。

つまり、穂積は、非血縁者（＝養子）による祭祀の承継を、法律の進化と同一民族を基盤とする家族国家論によって正当化したのである。

明治国家がなぜこれほどまでに祖先祭祀に固執しなければならなかったのか。それは、単純に「家の継承」という私的な集団のレベルでの問題ではなく、明治国家の体質、国体にかかわる問題でもあった。

明治天皇制国家は、家の祖先祭祀を基盤として、神社（＝氏神祭祀）を媒介とした皇室祭祀を体系化したのである。その意味では、明治国家の家の継承は、幕藩体制のもとにおける家の継承の要求とは異なった、イデオロギー上の要求に基づくものであった。

家制度が資本主義社会のなかで矛盾にさらされる運命にあったとしても、祖先祭祀のシンボルとして、墳墓は、明治民法のなかに位置づけられていくのである。

墳墓と家の祖先祭祀

明治民法第九百八十七条は「系譜、祭具及ヒ墳墓ノ所有権ヲ承継スルハ家督相続ノ特権ニ属ス」と規定した。墳墓の所有権は「家督相続の特権」として「承継」されるのである（法律学では一般に「継承」とは言わずに「承継」という用語を慣用としている。この慣例にしたがって「祭祀承継」という用語を使用するが、他の場面では一般的な「継承」という表現を用いることにする）。

すでに、旧民法においても「系譜、世襲財産、祭具、墓地、商号及ヒ商標ハ家督相続ノ特権ヲ組成ス」（第二百九十四条第二項）として、墓地を家督相続の特権として規定していたが、明治民法では〈墓地〉を〈墳墓〉に変えた。

その理由を、明治民法起草者の穂積陳重は、墓地の所有権がその戸主にあるとは限らず、それが寺や公共に属することが多く、戸主はその地上権あるいは借地権しかもたない場合もあるとし、「墓地の所有権」とは書けないと説明する。しかし、この墓地の地上権あるいは借地権に関しては、「期限があっては甚だ不都合でありますから、これは何かあるいは特別法が別に出来るかも知れませぬ」と説明をつけ加えている。穂積は当時の墓地の現状認識を比較的正確におこなっていたと思われるが、その墓地観は「墳墓ノ義ハ清浄ノ地ニ設ケ永遠保存スヘキモノ」とした明治初年の太政官の認識と共通していた。すなわち、彼は、墓地と墳墓を一体のものとしてとらえたうえで、現実には墓地の所有関係が複雑なので、墳墓の所有権の継承を問題にしたにすぎない。

さて、墳墓の継承を家督相続の特権としたことについては、審議委員・奥田義人《ぎじん》から反対意見が出される。その内容は、「墳墓をすべて戸主が継ぐというのは慣例にも背くので、これは削除した方がよい。墳墓や祭具は、その親から子に継がせるべきであり、何もその戸主が継ぐ必要はない」とするものである。奥田は、「たいてい親のものは子がもつ」ということつまり、親の墳墓や位牌などの祭具は子が継ぐのが慣例であるという考えを示したものであり、親子による祭祀の承継と戸主による祭祀の承継が必ずしも一致するものではないことを主張したのである。

これについて穂積陳重は、次のように回答する。家族が別に墳墓を所有しているときはこの問題にはいらないとしたうえで、ここでいう「墳墓」とは「その家代々の墳墓、前戸主が受け伝えてきたもの」とする。そして、ある墳墓を、分家をするに際して分家のほうに属すると生前に定めることは、墳墓は不融物（売買譲渡ができないもの）ではないから、法の禁止するところではないし、「分家する者の母の位牌、あるいはそういうものを前にその家の先祖の位牌として承けるということが生前にきまっておれば、それは別のことと思います」としている。

この回答で目につくことは、「家督相続の特権」として規定した墳墓は家に伝わる墳墓であり、それとは別に家族員が墳墓を所有する可能性があり、その継承は別の原理に基づいて継承される可能性を示していることである。

奥田や穂積の議論の背景にある墳墓の形態は、個人墓や夫婦墓の形態であり、現在の「家墓（家筋墓）」ではない。奥田が問題としたのは墳墓を一括して家督相続の特権とすることに反対し、穂積は家についている墳墓、おそらくはその家筋において「先祖」を構成する人々（＝戸主《家長》）の地位にあった人々の墳墓を家督相続の特権として継承することを主張し、他の家族員の墳墓については、この条項の「墳墓」として必ずしも解釈する必要がないことを言ったのであろう。

しかし、穂積はこれを削除することには強く反対する。その理由は、次のようなものである。家督相続というのは血筋を重んじ、先祖の祭りを重んじ、それを継承するということが重要なことであり、これを削除するのであれば家督相続をやめるというところまで踏み込まなくてはならない。もしこの規定が社会上、経済上に大きな害があるというのであれば考えなくてはならないが、害なくして益はあると思う、という理由で削除には反対するのである。

この二人の議論を徹底すればするほど、この規定のあいまさが浮き彫りにされてくるであろう。たとえば、もし家督相続によって継承されない墳墓はどのように相続されるのか、その墓地の所有権（あるいは使用権）は誰に属するのか、などである。これらの議論はこの審議では論じられていない。その意味では、この規定の漠然とした性格は、審議委員・横田国臣《くにおみ》がこの規定を「実は飾りである」と指摘し、「これは家督相続という一つの飾りで昔の大名杯の色々な槍とか何んとかいうような物で槍でもって戦さをするものではない」と述べたことに象徴される。

しかし、この規定は、立法時における議論を超えて、家制度を支える重要なイデオロギー的な支柱になっていった。明治民法施行後、家ではなく他の家族員に属する墳墓が法的に問題（＝裁判）になった例を私は知らない。

さらに、一九〇六（明治三十九）年五月十日の判決（盛岡地方裁判所）では、「墳墓即ち墳墓地は、……吾人祖先の遺骸の在る処にして、祖先を崇拝し其の祭祀を絶えざるを以て子孫の本分とするは古来の風習」であるとして、「民法第九百八十七条に墳墓の所有権は家督相続の特権と定めたる法の精神とによりてこれを観しば、現時我国の思想上墓地を売買譲渡するが如きは公の秩序善良の風俗に反するもの」と述べる。墓地や墳墓は祭祀財産として特殊な意味づけを与えられるのである。

と同時に、この頃になってくると、墳墓の形態にも変化がみられるようになる。墓地を簡単に広げることができなくなり、また、都市部における土葬の制限が急速に火葬を普及させることになるなどである。この二つの条件に規定されながら、家墓（＝家筋墓）が増加してくる。この家墓の普及は、墳墓の継承を家督相続の特権とすることに、事実として説得力を与えた。なぜならば、家墓の形態が、墳墓の分割の可能性を事実上否定したからである。

2 イデオロギーとしての祖先祭祀――穂積陳重と柳田国男

家祭祀—共同体祭祀—国家祭祀

明治民法の起草者の一人であり、戦前の法学者を代表する穂積陳重の祖先祭祀論と、日本の民俗学の父であり、現在でもなお影響力のある柳田国男の祖先祭祀論は、共通した一定の枠組みをもっている。

共通した枠組みというのは、家祭祀・共同体祭祀・国家祭祀という異なったレベルの祭祀を、祖霊あるいは祖先祭祀によって統合し、一元的にとらえる理論的枠組みを用意したことである。

ここで「家祭祀」と呼ぶのは、「家の祖先祭祀」と同じではない。竈《かまど》神・屋敷神・納戸《なんど》神・便所神という家屋敷に付属する神々の祭祀も家祭祀に含まれるし、家の祖先祭祀もまた家祭祀の一つの形態である。

穂積陳重は、祖先祭祀から区別された家祭祀についてはほとんど問題としなかったが、柳田国男は、これらの家屋敷付属の神々をことごとく祖霊とのかかわりで位置づけた。

柳田によれば、祖先と子孫は家を媒介として結びつくのであり、祖霊は家の守護神として子孫を護《まも》るのである。したがって、柳田は家の生業としての農業の神もまた祖霊とのかかわりで論じることになる。田の神や山の神が祖霊として去来し、水田耕作を基本とした家の生業を護るのである。

共同体祭祀の中心をなすのは、日本では神社（氏神）祭祀であろう。穂積にしても柳田にしても、最初から氏神祭祀を祖先祭祀の枠組みでとらえ、家の先祖祭祀の拡大した形態としてとらえていたわけではなかった。

つまり、神社〈氏神〉信仰は、〈産土神《うぶすながみ》〉信仰として、地縁的な、ムラの共同体祭祀として展開していたために、それをどのような論理で祖先祭祀と結びつけるかが問題であったのである。この問題は、次に述べることにして、ここでは、この二人が祖先祭祀を強調するときには、国家祭祀を念頭においていたことを確認しておけばよいであろう。

穂積は、「祖先祭祀は家、社会及国家の起源なり」と論じる。穂積の認識は、「国家の構成分の最小単位たる個人は各家に属して其家祖を祭り、又国家の単位団体たる各家は遠祖神たる氏神を崇拝し、全国民は畏《かしこ》くも皇室を『おほやけ』と仰ぎ奉り、日本全国民が恰《あたか》も一大家族として皇祖皇宗を崇敬せり」とするものであり、祖先祭祀は国家統合の基軸となって展開するものであった（「祭祀と政治法律との関係」）。

柳田もまた、祖先祭祀が「個人と国家」を結ぶ媒介物であることを早い段階で述べている。彼は、「時代ト農政」（一九〇七〈明治四十〉年）のなかで、ドミシードすなわち「家殺し」を批判した後に次のように述べている。

各人とその祖先との聯絡《れんらく》すなわち家の存在の自覚ということは日本のごとき国柄では同時にまた個人と国家との連鎖であります。……祖先が数十百代の間常に日本の皇室を戴《いただ》いて奉公し生息し来たったという自覚は、最も明白に忠君愛国心の根底を作ります。家がなくなると甚しきは何ゆえに自分が日本人たらざるべからざるかを自分に説明することも困難になる。……とにかく国から見ても個人の倫理の側から見ても、一個人が家の永続を軽んずるということは有害であることだけは確かであります。

柳田は、家の永続の願いは、祖先を祀り個々人の生活の場を保障することにだけにあるのではなく、それが国家を支える基盤としても必要である、とするのである。

国家の基盤を支えるような「祖先祭祀」は、すでに単なる私的な祭祀ではない。家から氏神へ、そして国家にまで拡大する祖先祭祀は、社会（＝国家統合）の基軸となるものであって、祖先にたいする畏怖鎮慰《いふちんい》から生まれてくる祭祀とは異質なものとなっている。このような「祖先祭祀」はイデオロギーとして形成されたのであり、まさに祖先祭祀を軸にしながら再編成されてきた国家神道に対応するものであった、ということができるだろう。

氏神祭祀

穂積陳重も柳田国男も、神社祭祀を祖先祭祀の範疇《カテゴリー》のなかでとらえるためには苦労しなければならなかった。

穂積は、一八九八（明治三十一）年ごろに執筆されたと思われる「祭りと法」のなかで、「産土神《うぶすな》」について言及しているが、英雄・山川草木・禽獣を祀るのと同じレベルの祭祀であり、産土神は「祭祖俗の変態たる各種の祭俗」の一つに数えるにすぎなかった。

しかし、翌一八九九（明治三十二）年のローマでの講演「祖先祭祀と日本の法律」（英文の単行本として出版される。第二版翻訳が発表されるのは一九一七《大正六》年である）では、祖先祭祀のカテゴリーとして、家の祖先祭祀と皇室の祖先祭祀の中間に「氏人による氏祖の祭祀の遺風である土地の鎮守神に対する地方人民の祭祀」として氏神（＝産土神）を位置づけた。

氏神から産土神への変化は、穂積にとっては、〈血縁から地縁へ〉という社会進化の過程で必然的に起こるものであり、「氏神の祭祀あるいは地域の守護神の祭祀は氏の先祖の祭祀の遺習であることを示すものに外ならない」としたのである。

産土神信仰を、一種の「祭祖俗の変態たる各種の祭俗」ととらえる考え方から、「氏神祭祀」と同じ信仰であるとする考え方への変化は、理論的に重要であるにもかかわらず、どのような事実認識に基づいた考え方の変化であったのかについては、明らかにしていない。

穂積理論にたいして、柳田国男は氏神信仰をどのように理解していたのであろうか。

一九二七（昭和二）年の「農村家族制度と慣習」のなかで、「古くは氏には祭るべき神が定まっていて、その氏の者が別の地方に移住土着すれば必ず、その神を迎えて祀ったもので、氏神という語はこの方面から起ったものと思われる」と述べている。しかし、わが国の村の成立の歴史はさまざまであり、どのような小さな村でも同じ一族で独占している例は少なく、村落団は決して一族団ではなかったとする。

昭和初期の柳田のなかには、まだ祖霊と氏神信仰を結びつけるような枠組みはみられないし、穂積理論にたいして否定的な視点さえ見受けられるのである。

というのは、穂積は「今でも、地方の村では住民の大部分が同じ姓を維持していることは珍しいことではない」という認識のうえに氏神信仰を基礎づけるのにたいし、柳田は「村落団は決して一族団ではなかった」とし、そのような村で産土神を祀るのは「村には経済の統一があった」からであると主張するのである。

しかし、柳田のこの理解はしだいに修正されていく。一九四四（昭和十九）年の短い論考「氏神様と教育者」のなかに次のような一節がある。

氏神の最初は明らかに一氏一神であった。原則として始祖高祖を祭ったようだが、次々には他の神を祭った氏神も出来ている。多分はその家の祖神の在世の日にすでに祭っていた神を祭ることが、祖神を祭るのと同じと解せられた結果であろう。ところが村というものの進化に伴なって、異なる数氏の氏人がその氏神を合同し、或は最も力強い一つの氏族の神を他の幾つかの異姓が共に祭るということになると、先祖を祭ったものよりもこの方が認められやすかった。それが村々の現在の氏神社が、中世以前に氏神と謂っていたものと、全く別のもののようになってきた原因ではないかと私は思っている。

ここでは、一氏一神を前提とし、その神とは始祖高祖であり、村の進化にともなって氏神が非血縁者によって祀られるようになり、氏神の性格が変わってきたことが述べられている。この氏神の性格が変わるというのは、産土神のことを念頭においたのであろう。この段階では、氏神の祭祀から産土神の祭祀への移行が暗示されているのである。

後になって、氏神と産土神の関係は次のように整理される。

ウブスナは古い国語だが、……それはただ故郷もしくは生まれ在所の意味しかなく、これを神さまの御名に呼ぶ例は見当らない。私の推定では、ウブスナ様はすなわち本居の地に坐《いま》す神、産土に祭られたまう神ということで、神がウブスナであったわけではないと思う。従って一つの氏族が占拠する土地では、産土神はすなわち氏神であり、二つのいずれの名前を用いても誤りではなかったのである。それを最初から異なるものと解して、一方を血縁神、こちらを地縁神などという人があるのは賛成しがたい。地縁と血縁と、二つの信仰共同が並び存したかの如く見ることは誤りのもとになる。(『氏神と氏子』一九四七〈昭和二十二〉年)

さらに、柳田は異なった氏(姓)によって担われる氏神信仰について次のように述べる。

一つの氏に一つの氏神という古い世の習わしが改まって、多数の氏々が合同して、一つの氏神を戴《いただ》くようになった時が、同時に本居の神の合同もになったので、それ等の氏神とは独立して、別に共通の地縁神をもつ必要は、恐らくなかったろうと思う。それが後だんだんと水の神、または疫癘《えきれい》その他の災害を防ぐ神などを、氏々協力して祭るように、なって来たことは事実であるが、これは土地とは直接の関係はなかった。後世こういう特殊の神々を、ウブスナの神とあがめた例も多く、ことに鎮守の社は土地を劃《かく》して、それから中だけを鎮護なされるという信仰であったから、これを地縁神と名づけるのは差支えなかろうが、それは氏神との対立ではなく、時の順序としては後になって起こったことである。（前掲書）

ここに至って、祖霊＝氏神信仰から区別された、固有の地縁＝産土神信仰がはっきりと否定されている。

穂積陳重と柳田国男

穂積と柳田は、柳田が一八九七（明治三十）年に入学した東京帝国大学政治学科で師弟関係にあり、その後も交流があったことが知られている。しかし、昭和初期の柳田は、前述の穂積の見解にたいして否定的であった。この時、柳田が、穂積の氏神から地域の守護神（＝産土神）という発展・進化の図式をどのように読んでいたかはわからない。

しかし、柳田は、〈祖霊信仰〉を日本の固有信仰としてとらえようとしたとき、「全国の津々浦々にまで在る」神社祭祀を祖霊とのかかわりのなかで統一してとらえなければならなかった。このことで、「祖先を祭るということがあって、始めて社会が起こり、始めて国が成り立つ」という「国家万般の制度」の基礎として祖先祭祀を位置づけた穂積理論と一定の共通性をもつことになる。

柳田は『先祖の話』のなかで、穂積陳重について言及した。しかし、ここでは、日本人が祖先の祭を重んずる民族であったことは、海外の諸国にまで知られるようになったが、その民間の実状が明らかではなかったために、今も古風なものがそのままに伝わっていたり、あるいはその貴重な痕跡が発見されないにすぎないがごとくに解せられがちであった、として、穂積のローマでの講演あるいは彼の英文著書（ドイツ語訳も出版される）の風評を紹介するにとどまり、彼が穂積の祖先祭祀論をどのように読んだかについては言及していない。

なるほど、法学者である穂積陳重と民俗学者である柳田国男では、その学問的な方法において大きな差異がある。穂積が問題とした祖先祭祀は、国民道徳としての祖先祭祀であり、柳田が問題としたのは民俗を土台とした祖先祭祀である。

しかし、穂積が直感的に把捉し体系化した祖先祭祀論の枠組みは、柳田の民俗学を土台とした祖先祭祀論ときわめて類似した構造をもっているのである。

誤解を恐れずに言えば、柳田の祖霊信仰論は、穂積の理論枠組みに民俗学的な知識をつうじて肉づけし、再構築したものであったといっても過言ではない。その意味では、柳田の民俗学あるいは祖先祭祀論もまた、天皇制国家へ至る通路を用意したものであったし、明治国家のイデオロギーに想定されたものであったといえるであろう。

神としての祖霊

死者の霊魂を〈神〉として祀るということは、穂積陳重と柳田国男の間に共通した認識であった。もっとも、柳田は、人が神として祀られるためには、一定の手続きが必要であるとした。柳田にとって、死を忌み恐れるというのは古来の風習であり、死穢を忌み恐れる風習と家の祖先祭祀の矛盾・対立をどのように理解するかが重要な課題であった。

柳田は、この矛盾の解決を、すでに述べた二重墓制としての「両墓制」に求めた。すなわち、両墓制の「詣墓《まいりばか》」は、死穢の場としての埋葬地から区別されて設けられるのであり、祀られるのは死者の霊魂であるとした。

そして、死者の霊魂は、一定の期間を経過することによって、祖霊（＝神）に転化することになる。柳田は、人の霊魂の祖霊への転化を、いわゆる「トモライアゲ」の習俗をつうじて説明した。柳田は次のように言う。

　人が亡くなって通例は三十三年、稀には四十九年五十年の忌辰《きしん》に、とぶらい上げまたは問いきりと称して最終の法事を営む。その日をもって人は先祖になるというのである。……北九州のある島などでは、三十三年の法事がすむと、人は神になるという者もある。……喪の穢れから全く清まわり、神としてこれを祭ってよいという意味であって、神職や巫女の家々には、そういう信仰が古くあったらしいのである。年忌の終了をもって先祖になる日としたのは、これとたしかに関係があろう。(『先祖の話』)

「一定の期間を過ぎ」という限定は、柳田にとって、「死の穢れ」を取り除き、清める期間として重要な意味をもっていたのである。

この点、穂積の理論は肉体と霊魂の分離を言いながらも、「死の穢れ」をほとんど問題としない。穂積は「霊魂は死亡に依つて其宿体を離脱した後と雖《いえど》も、仍《な》ほ其人の生前に於けると同様の属性を保持するものである」とし、「宿体の羈絆《きはん》を脱するが為に却つて強勢と為《な》り、其隠現飛行が自在なるのみならず、福を授け禍を倒し、……父祖の霊は其生前に愛したる子孫を保護し、家祖の霊は一家の守護神と為り、族祖の霊は一族の守護神と為つて、福を授け禍を除くものである」(『祭祀及び礼と法律』)と述べている。

穂積は、神になるのは肉体から霊魂が分離することによって「強勢に為」るからであり、柳田のように一定の条件や時間の経過を問題としていない。このような差異が認められるが、祖霊を神とすることにおいては、穂積も柳田も共通しているのである。

しかし、穂積にしても柳田にしても、祖霊を神として認識しなければならなかったのであろうか。この問題が氏神信仰とかかわることになる。柳田の次の言葉はそれを端的に表現する。

三十三回忌のとぶらい上げということは、……ともかくもこれがおおよそ好い頃合いの区切りと認められ、それから後は人間の私多き個身を棄て去って、先祖という一つの力強い霊体に融け込み、自由に家のためまた国の公のために、活躍し得るものともとは考えていた。それが氏神信仰の基底であったように、自分のみは推測していたのである。（『先祖の話』、傍点筆者）

神となった祖霊が家と国家を護るのであり、それゆえにこそ、祖先祭祀は家と国家を支える重要なイデオロギーとして展開していくのである。

3　多様な祖先祭祀

家の先祖と無縁仏

穂積陳重も柳田国男も、家の永続を求めた。家を永続させることは祖先（あるいは祖霊）を祀ることにあり、そのことが国家の基礎を安定させることにつながると考えた。

死者は祖霊となって家を護り、そして国をも護ると考えていた。このような祖先祭祀は、すでに単なる私的な祭祀ではない。もう一度確認をしておくが、このような祖先祭祀は、家からムラ（共同体）へ、そして国家にまで拡大する社会（＝国家）統合のためのイデオロギーなのである。

ところで、ここでもう一つ確認しておかなければならない問題がある。これまで述べてきた祖先祭祀は家を基礎とするものである。したがって、ここで「祖先」というのは、まず家の先祖である。家の先祖（祖先という言葉と区別しているわけではない）は、家の始祖（創設者）とその直系の代々の死者によって構成されている。この家の先祖として祀られない死者が〈無縁仏〉と呼ばれることになる。家の先祖として祀られることのない死者は、この世に害を及ぼすことがあっても、ムラを護り、国を護ることはない。

宗教学者の藤井正男によると、本仏とは「正常の人間として生を完《まっと》うし、祖霊化のコースにのって帰るべき家をもつ霊」であり、無縁仏は「帰るべき家のない遊魂と祭る子孫のない霊」であるとする（『無縁仏』）。

「帰るべき家のない遊魂」としての無縁仏とは、行き倒れ、漂流死体、災害時の罹災者《りさい》などの霊であり、「祭る子孫のない霊」としての無縁仏とは、幼児、独身の男女、出戻り娘、既婚者でも子供のないオジ・オバ、絶家などの祭祀者たる子孫をもたない血縁霊であり、この中間形態として奉公人や縁故のある非血縁者の霊などをあげることができるだろう。

この無縁仏の分類についてはなお異論がでてくる余地が残されているが、無縁仏の形態は網羅《もうら》しているように思える。

本仏が生を全うした死者であるとすれば、無縁仏のカテゴリーのなかには、生を全うしなかった死者の姿がある。問題は、どのように生きることが人間として生を全うすることであり、そしてどのように生きることが生を全うしていないのか、ということである。そして、どのような人間が生を全うしたとみなされるのかは、一方ではその社会の文化的特質にかかわりながらも、他方ではその社会の歴史に規定されている。

無縁仏となるのは、日本社会では、家を軸として、その家を何らかの事情で喪失した死者か、あるいは家のなかで傍系として位置づけられる死者と夭折した死者である。家を構成単位とした社会では、一家を構成することが生を全うすることであり、無縁仏の概念もまた家に規定された概念となる。そして、家が歴史的な存在である以上、無縁仏も歴史によって規定された概念である。

もっとも、無縁仏が、家を喪失した（断絶した）死者であったり、家の先祖から除外された死者であったとしても、まったく祭祀から排除されていたわけではなかった。家のなかで無縁仏を祀ることはあったし、ムラでもまたこのような無縁仏を祀っていた。家やムラという共同体が無縁仏の祟りを恐れて、その祭祀を分担したのである。

分牌祭祀

さて、祖先祭祀という場合、日本では一般に「家の祖先祭祀」を指している。しかし、祖先祭祀のすべての形態が必ずしも家によって規定されているわけではない。以下、そのいくつかの形態をみておこう。

「分牌《ぶんぱい》祭祀」というのは、夫（父親）と妻（母親）の位牌が分けられ、別々の場所で祭祀される形態をいう。一般には、本家を継いだ長男が父親の位牌を祀り、分家をした次男が母親の位牌を祀るのが普通であり、年忌法要もまた父親は長男家で、母親は次男家でおこなわれることになる。つまり、父親と母親の位牌が別の家で祀られていることである。

「分牌祭祀」の分布する地域は、一般に隠居分家（親が長男に母屋を譲って、親が残された子女を連れ隠居をする習俗。一緒に連れていった子どもがその隠居屋を引き継ぎ分家となる、この分家を隠居分家と呼んでいる）をともなう隠居慣行がおこなわれている地域であり、親の死亡時は長男夫婦ではなく、二、三男夫婦と同居していることになる。

したがって、父親が死亡したときには、遺体は母屋《おもや》に運ばれ、母屋で葬儀を出すことになるが、母親が死亡したときには、そのまま隠居屋で葬儀が出されることになる。「分牌祭祀」の習俗は、西南日本に点々と分布し、北関東地方にも分布している。

この習俗が家の祭祀と異なるのは、次の点である。つまり、家の先祖がその始祖と代々の家長であるとしても、先祖のなかには家長の妻（つまり主婦）も含まれるというのが一般的な解釈であった。しかし、「分牌祭祀」の習俗では、親子によって祭祀の承継はなされているが、夫婦で祭祀が分断されていることである。

位牌分け

「位牌分け」の習俗は、親が死亡したとき、親の位牌を子どものすべてに配る習俗である。このような習俗は北関東地方から中部地方にかけて、そして伊豆諸島に分布している。

「位牌分け」の習俗が分布している地域のなかには、単に位牌を分けるだけではなく、親の葬儀費用を分担するところがある。

栃木県那須郡馬頭《ばとう》町では、喪家で設ける帳場には施主（跡継ぎ）の帳場だけではなく、子どもの数だけの帳場が設けられており、その子どもと義理深く交際をしている場合には施主だけではなくその子どもの帳場にも香典を出すとされる。そして、子どもたちは「手伝い金」と称して施主にお金を渡し、葬儀費用の一部を分担していた。

「位牌分け」の習俗の特徴は、祭祀の承継が家の原理によってではなく、親子でおこなわれていることであり、子どもたちが共同で祭祀を承継していることである。

もちろん、この習俗のなかにも家的論理が刻印される場合がある。女性が婚家で親の位牌を祀る場合には、家の先祖から区別されて「客仏《きやくぼとけ》」と呼ばれたり（長野県佐久地方）、あるいは祀り手（すなわち妻）の死亡とともに妻家の位牌を処分することもある（伊豆利島《いずとしま》）。

しかし、家の先祖の位牌と妻家の位牌を区別しないで祀る地域もあり、ここでは親から子どもたちへの祭祀の共同承継が強調されることになる。もっとも、祭祀の共同承継は「位牌分け」の習俗に限られたものではない。次に述べるトウマイリの習俗も祭祀の共同承継を示している。

トウマイリ

トウマイリは、両墓制の事例で取り上げた奈良県の大和高原周辺でおこなわれている習俗であり、親が死亡した後その子どもたち全員が定められた日（一般には、八月初旬から盆がはじまるまで）に生家に集まり、墓詣りをする習俗である。

ここで詳細な事例について報告することはできないが、私たちの調査に基づいて、この習俗の要旨をまとめておこう。

(1)トウマイリは親の死亡によって始まる。

(2)トウマイリのため生家に行くのは、死亡した親の子のすべてであり、養子、婚出した子ども、その他独立した者も同様であり、多くの場合自分の子ども（死亡した親からみれば孫）も連れていく。

(3)親が死亡した初盆には、その子の家でも（子が婚出した女性であれば婚家でも）新盆の棚をつくり、死者の供養をする。このとき、死者の戒名を書いた経木《きようぎ》が盆棚でまつられるが、その経木は婚家の檀那寺でつくってもらい、初盆が終わるとその経木は寺で焼かれる。

(4)子の死亡によってトウマイリが終了するのではなく、子が死亡している場合には、しばしばその配偶者が代参する。その配偶者が死亡すると、その子（一般的には婚家の長男で、養子はトウマイリに行かない）もトウマイリに行くべきであると考えられている。

(5)トウマイリはしばしば二代にわたっておこなわれることがあるが、姪《めい》や甥《おい》たち（子の子からみれば従兄弟《いとこ》たち）がその親の生家にトウマイリに来るようになると、生家からの〈ヨビヅカイ〉（呼び使い）がなければ「きやすく」（気楽に）生家には行くことができなくなり、しだいに足が遠のくようになる。

トウマイリの習俗の特徴も、親の祭祀をその子どもたちが共同で継承することであり、さらに自己の母の親の祭祀までも引き継いでいる。母方の親の祭祀を引き継ぐという意識は、この地方の「先祖」観にも表現されている。

表3は都祁《つげ》村針でおこなったアンケート調査の結果である。質問2において明らかであるように、母方の祖父母をもまた自己の先祖として考える人が五割を超えているのである。「先祖」の観念は家によって規定されるのではなく、自己中心的に決定されるのである。

また、次のことをつけ加えておかなければならない。

この地域（都祁村）では、ムラの神社で〈宮詣り〉をおこなうことが〈氏子〉となる条件であると前に述べたが、その裏返しとして、他村から嫁入りをしてきた女性は厳密にはそのムラの神社の氏子とはみなされない。

〈氏子〉はムラで生まれ現在もムラに居住している者であり、ムラで生まれたが現在ムラから外へ移住した者は〈ソトウジコ〉（外氏子）と呼んで区別をする。さらに、他村から嫁入りや養子で来た

質問１　先祖の霊はどこにいると考えていますか（複数回答）。

みばか（埋墓）	5	6.0%
石塔墓（詣墓）	39	47.0%
仏　壇	42	50.6%
その他	11	13.2%
無回答	6	7.2%

質問２　一般的に「自分の先祖」という場合，それはどの範囲を示していますか。

（１）母が嫁入りをしてきた場合，母方の先祖（自分から見て母の父母や母の祖父母）を含みますか。

含む	44	53.0%
含まない	30	36.2%
無回答(わからない)	9	10.8%

（２）何代か前に分家した場合，その本家の先祖を自分の先祖として祀りますか。

祀る	39	47.0%
祀らない	29	34.9%
無回答(わからない)	15	18.1%

注—調査対象106件，有効回答件数83件

表３　都祁村針での「先祖」観のアンケート

者は〈サカウジコ〉（逆氏子）あるいは〈タウジコ〉（他氏子）と呼んで、一般の〈氏子〉から区別している。

サカウジコは、婚入者や養子そのものを指すのではなく、その生家を指すという人もいるが、彼らが生家のあるムラの氏子であることは一般的に承認されていることである。

したがって、婚入者や養子は生家のあるムラの神社で祭りがあるときには、氏子として祭りに参加するために、婚家や養子先から里帰りを許されるのが一般的である。この地方では、神社への帰属が家によって規定されていないのである。

複檀家制

複檀家制とは、夫と妻、男と女でそれぞれが属する檀那寺を異にする慣行である。ここでは家を構成する人々が同一の檀那寺に属するのではなく、寺院からみれば、一家が複数の檀家に属しているので「複檀家」と呼ばれることになる。

この慣行の分布は必ずしもはっきりしていないが、関東地方や、中部・近畿地方にもみることができるといわれているが、その形態は一様ではない。

福田アジオは、家の成員変更が寺檀関係の変更をもたらす型（変更型）と家の成員変更があっても寺檀関係はそのまま維持する型（継続型）を横軸にし、その子どもが全員父親の寺檀関係を継承する

〈父系帰属型〉と、男子は父親の寺、女子は母親の寺に属する〈平行帰属型〉、子どもは性にかかわりなく選択的に親の寺を継承する〈選択帰属型〉を縦軸にして、「単檀家」を含めて六つの類型が可能だとしている。

複檀家制においては、夫婦が異なった檀那寺をもつことにおいては共通しているが、一つの家が男女別の檀那寺をもつ場合（変更型・平行帰属型）と、生家の檀那寺を引き継ぎ、結婚後も変更しない場合（継続型・父系帰属型）と、女性が母親の檀那寺を引き継ぐ場合（継続型・平行帰属型）の三つの形態が考えられる。つまり、「男女別」といってもその形態が一様ではないことを示している。

また、その子どもがどのように親の檀那寺を引き継ぐかは、父系帰属型と平行帰属型との間では大きな違いがある。「継続型・平行帰属型」のなかでは、男子の檀那寺は父系的に、女子の檀那寺は母系的に継承されることになる。ここでは親子関係のあり方が一様ではないことを示している。

多様な祖先祭祀が意味するもの

分牌祭祀・位牌分け・トウマイリは死者の祭祀の承継にかかわる習俗であり、複檀家制は檀那寺の継承にかかわる慣行であり、いずれもが非〈家〉的と解釈される継承のあり方を示すものであるといえる。

しかし、これらの習俗の内容は、非〈家〉的という言葉によって一括できるほどの単一で同質の内容を示してはいない。

位牌分け・トウマイリは、親の祭祀をその子どもたちが共同で承継する習俗を示したものであり、すべての子どもは親の祭祀供養をおこなう権利・義務をもつことを示している。

家の論理のもとでは、親はもっとも身近な〈先祖〉として、跡継ぎ（＝長男）が祭祀の権利・義務をもつのであり、明治民法はこれを「家督相続の特権」として規定した。この意味においては、祭祀の共同承継を内容とするこれらの習俗は家の継承と異質の構造をもっているといわなければならない。また、トウマイリ習俗のなかで示されているように、家の継承のラインに沿った人々（一般的には、父系的につながる人々）だけを〈先祖〉として意識するのではなく、母親の親もまた〈先祖〉として意識する〈先祖〉観にも注目しておかなければならない。

ここでは、双系制的な社会構造のもとでの〈先祖〉観が端的に表現されているといえるであろう。分牌祭祀は、父親と母親の祭祀を分割して相続する形態であり、夫と妻が別々に祀られるという点では複檀家制と共通しているが、この習俗が隠居制と複合した形態であるという点で複檀家制とは区別されるであろう。

分牌祭祀がおこなわれる地域で、なぜ父親の葬儀を母屋が出し、母親の葬儀を隠居分家が出すのかを問うと、隠居分家はそれだけの財産の分与があったのであるから、母親の葬儀を出すのは当然という答えが返ってくる。ここでは男女別という意識よりも、財産分与と祭祀の相続が対応して、分牌祭祀の習俗が形成されたといえるかもしれない。

秋田では、「ホトケワケ」（仏分け）と呼ばれる習俗がある。ホトケワケは、新たに分家をするとき本家のなかでまつられている傍系の親族（死者）の位牌が分与され、この死者を〈先祖〉として祀ることを求められるものである。

ホトケワケの習俗の解釈として、家にホトケがいないのは縁起が悪いから、新たな分家にたいしてホトケを分けるのだと説明する。代々の家長やその妻の位牌が分与されることはなく、その家のなかでは傍系の、したがって無縁仏に近い死者の位牌が分与されている。

ホトケワケは、一方では、不遇なまま死んだホトケの救済手段でもあったのであろうが、それが分家慣行と結びついていること、つまり家の財産の分割と祭祀の分割が結びついた事例としても考えることができる。

複檀家制は多様なバリエーションをもつ習俗である。

まず第一に、他家から来た嫁が婚家に属し、婚家の家族員となるというのは明治民法の原則であったが、このことは家の論理として必然的に導き出された結論であったわけではない。

この問題は、婚姻によって妻が生家への帰属権を喪失し、婚家にその帰属が変更になったかどうかにかかわっている。第三章3の「男女別墓」の項において、藤原氏へ嫁いだ源麗子が藤原氏の墓地には埋葬されなかったことを述べた。この事例が明らかにしていることは、婚出した女性（＝出嫁女《しゅっかじょ》）

がなお生家への帰属権を保持していることである。

江戸時代においても夫婦別姓についていくつか報告がなされているし、さらに明治初期の段階では太政官は「婦女人ニ嫁スルモ仍《な》ホ所生ノ氏ヲ用ユ可キ事」（一八七六〈明治九〉年三月十七日）と布告している。明治国家は、当初妻に「所生の氏」を用いることを強制したのであり、神葬祭儀礼を編纂した近衛《このえ》忠房《ただふさ》・千家《せんけ》尊福《たかとみ》著『葬祭略式』においても妻の生家の姓を刻むように指導している。実際、この原則は一八九八（明治三十一）年の明治民法の施行まで採用されていた。

この出嫁女の生家への帰属は、少なくとも明治民法以前の家的伝統の枠組みのなかでもおこなわれていた習俗である。そして、出嫁女の生家への帰属は複檀家制の一つのバリエーションを形づくるものであると言えるであろう。

しかし、複檀家制のなかには、家への帰属（正確には出自集団への帰属といったほうがよいかもしれないが）の問題とは別に、性そのものを基準にして「男女別」に区分されている場合もある。福田アジオによって「継続型・平行帰属型」と分類された複檀家制（男子は父親の檀那寺を継承し、女子は母親の檀那寺を継承する）がこれに該当するであろう。

女子が母親の属性を継承する例としては、〈紋〉の継承にも見受けられる。つまり、家紋は家の紋として同一の家に属する者であれば同一の紋を使うことが一般的であるが、娘が母親の紋を継承し、紋が母系的に継承される習俗がそれである。このような習俗は、私の知る限り、関西地方でしばしばみられることであり、「継続型・平行帰属型」の複檀家制と共通した性格をもつものと言えるであろう。

祭祀の承継を含め、さまざまな地位の継承は、現実には親子関係と性別を基軸にしながらもさまざまなバリエーションのなかで展開していた。その意味では、家の祖先祭祀という観念は普遍的なものではなく、歴史的に形成されたものであり、家の祖先祭祀が明治国家のもとで教化・再編成され、支配的《ドミナント》な行為規範になったとしても、それが民俗レベルでの唯一の規範になったわけではなかった。

民俗レベルでの祖先あるいは死者の祭祀はきわめて多様な形態において展開していた。このような多様な習俗の形態は、日本基層社会の親族・社会構造の多様性に規定されているのである。

第六章　家族の変動と現代の墓制

1　何が変わったのか

民法改正

戦後、明治民法に規定された家制度は廃止された。しかし、家の祖先祭祀は法律上廃止されたのであろうか。現行民法は祭祀の承継について次のように規定している。

第八九七条　系譜、祭具および墳墓の所有権は、前条の規定にかかわらず、慣習に従って祖先の祭祀を主宰すべき者がこれを承継する。但し、被相続人の指定に従って祖先の祭祀を主宰すべき者があるときは、その者が、これを承継する。

この祭祀条項については、その成立当初から賛否両論があった。当時の法務省民事局長であった奥野健一は次のように述べている。

家督相続の廃止は家督相続に伴い祖先の祭祀を承継せしむる我国古来の美風はこれを否定するものではない。共同の始祖を崇拝し、祖先の祭祀を承継することは、わが国民感情に適合し将来長く保存維持すべき美風であるが故に、専ら被相続人の指定と慣習に従うべきものとしてこの美風を残さんとしたものである。

これを読む限り、祭祀条項は「家の祖先祭祀」そのものを規定したものであることは明らかであり、少なくともこれが当時の行政当局の認識であったのである。

これにたいする批判は、民法学者の青山道夫らから提出された。青山の批判は、民法上の「家」を廃止する精神を充分徹底していないとするものであり、「わが国においても祖先祭祀は、その基礎となるべき社会基盤が崩れるに伴い当然早晩は消滅すべきであろう」という認識をつけ加えている。

青山道夫の祭祀条項批判も、理念的な市民家族をモデルにした批判であり、一九四八（昭和二十三）年という時代の制約を受けたものであったといわなければならない。しかし、問題は、現行民法のなかに祭祀条項が残されたことである。

家族法の近代化が叫ばれながらも、なおも家の祖先祭祀が残り、しかもそれが改正されることなく現在に至るまで存続してきている意味は、法の解釈論のあり方も含めて多面的に論じなければならない問題であるだろう。

明治民法が祭祀の承継を「家督相続の特権」と規定したことを、民法学者・石川利夫は「一ヵ条の太い線」と表現した。これにたいして、現行民法は各所各別に細い薄い数ヵ条（第八九七条、第七六九条とその準用規定）に分散して規定され、それらを合わせれば「太い線」になる、と説明している。

民法第八九七条（祭祀条項）は、たとえ法解釈によって祭祀の家督相続的承継を排除したとしても、法体系のなかでの位置づけを考えたとき、「家の祖先祭祀」という枠組みを払拭しきれないであろう。

祭祀条項の法解釈

祭祀条項が現実にどのように解釈され、裁判規範としてどのように適用されてきたかをみると、家的な論理をできるだけ排除する努力がなされてきている。

たとえば、祭祀の主宰者を「慣習に従って」定めるという場合、その慣習は家督相続的慣習ではなく、「新民法施行後将来新たに育成される慣習」と解釈する（大阪高裁、一九四九《昭和二十四》年十月二十九日）。

さらに、祭祀を承継した者が、離婚・離縁によって復氏（婚姻・縁組前の姓に戻ること）したときは、当事者およびその他の関係人の協議の上で祭祀を承継すべき者を定めなければならない（第七六九条）と規定しているが、この規定の趣旨は、祖先の祭祀の権利承継者になるには必ずしも被相続人と氏を同じくすることを要するものではないとし（仙台高裁、一九七一《昭和四十六》年十二月十五日）、この規定は「紛争防止を策してなした妥協的立法」にすぎないとする。

あるいは、いくつかの裁判や家事審判のなかでは、祭祀の承継を子どもではなく内縁の妻に認めたり、祭祀の分割を容認する例もある。これらの解釈・法適用は、祭祀の承継についての「各所各別に細い薄い数ヵ条」を分断し、限定的に解釈することによって、「家」相続的な色彩を排除しようとしたものと評価できるかもしれない。

しかし、前述の第八九七条を読めばわかるように、ここで定めようとしているのは「祖先の祭祀を主宰すべき者」である。新しい民法下で、どのような「祖先祭祀」の慣習が形成されてきているというのであろうか。

祭祀承継をめぐる紛争のなかで論じられているのは、特定の死者が誰に祀られることが妥当であるかであり、「祖先」一般の祭祀が論じられているわけではない。その意味では、この祭祀条項は法解釈をつうじてまったく空文化し、新しい裁判規範が創造されているのである。

もちろん、このような法創造（法解釈をつうじて新しい裁判規範を創造すること）が法解釈のあり方としてどこまで許されるか、またこのように空文化した祭祀条項が必要な規定であるかどうかは、また別のレベルの問題である。

しかし、学説や裁判（つまり、裁判規範のレベル）では、祭祀条項が空文化されているとしても、この祭祀条項が行政機関の行為規範としてはなお「家の祖先祭祀」の枠組みのなかで展開されていることも認識しておくべきであろう。

たとえば、「東京都霊園埋葬場所使用者の承継について」定めた規則である。ここでは、墓地使用権の承継に関して、祭祀条項にいう「慣習」を「配偶者と長子を同等とした家督相続的なものが最大公約数である」と理解して、その承継の優先順位を、血族優先、傍系より直系の優先、尊属よりも卑属の優先、女子よりも男子の優先、長子の優先、代襲に際しては直流（本家筋）の優先を規定している。東京都霊園の墓地使用権の承継にさいしては今なおこの規則が有効である。

紛争解決のための裁判規範とは異なった、行政の行為規範レベルでは、「家の祖先祭祀」を体現した祭祀条項の趣旨はなお生き続けているのである。

また、民間寺院の墓地使用権の承継においても「相続人またはその親族一人が墓地の使用権を承継することができる」と規定されている場合が多く、民法学者が考えるほど現実の祭祀承継が「相続」と分離されて考えられているわけではないこともつけ加えておこう。

「墓地、埋葬等に関する法律」

戦後、一八八四（明治十七）年の「墓地及埋葬取締規則」も改正され、新たに「墓地、埋葬等に関する法律」（一九四八《昭和二十三》年、以下「墓埋法」と省略）が制定された。

大枠においては、前者の法律を引き継いだものであるが、前者が治安維持を内容とする規定も含んでいたのにたいし、後者は「国民の宗教的感情に適合」（第一条）した公衆衛生法規として純化されたという意味では、両者の差異を認めることができる。

この法律の審議過程（衆議院厚生委員会）のなかで、第一条の目的として掲げた「国民の宗教的感情」とは何かとの質問にたいし、当時厚生省公衆衛生局長であった三木行治《ゆきはる》は、墓地は祖先の眠るところであり、祖先崇拝の気持ちでこの法律を処理していくと答弁している。この点においては、「墓地及埋葬取締規則」と変わるところがない。遺体（遺骨）尊重政策を前提とした墓地や墳墓の概念規定も、従来の規定をそのまま引き継ぐことになった。

しかし、この法律も法の解釈をつうじて少しずつ変更が加えられている。たとえば、「国民の宗教感情」の内容を「祖先崇拝」とは説明しない。厚生省生活衛生局企画課が監修した『逐条解説　墓地、埋葬等に関する法律』（一九八八〈昭和六十三〉年）では、「社会秩序・風俗としての国民の宗教感情・習俗及び宗教的平穏」を守るべき利益としてとらえ、礼拝所や墳墓についての刑法上の規定（刑法第一八八条以下）とともに運用されるべきであると述べている。

したがって、このような観点からは、両墓制の習俗も否定されるべき習俗ではないのである。一九五二（昭和二十七）年の香川県衛生局長からの墓地以外の場所に「詣墓《まいりばか》」を建てることへの質問にたいして、環境衛生課長は「別段の規定がないので、制限することはできない」と回答している。

さらに、「埋葬または焼骨の埋蔵は、墓地以外の区域にこれを行ってはならない」（第四条）の規定についても、厚生省は、焼骨の保管を自宅などでおこなう場合にはこれを適用しないとし、さらにこの規定は焼骨について「埋蔵することを規定する」にとどまるのであり（この説明は一九七九〈昭和五十四〉年度版の『逐条解説墓地、埋葬等に関する法律』にはない）、たとえば撒骨のような焼骨を撒くという行為はこの法律では規定していないという解釈を示した。

したがって、刑法上焼骨を撒くという行為に問題がないとすれば、それは許容されることになる。前に、人々の信仰に基づく焼骨の墓地外への埋葬に関する静岡県からの伺いとそれを否定する内務省の回答を紹介したが（一五〇ページ）、厚生省は戦前の内務省の回答を否定したと理解してよいだろう。

この問題は、撤骨の問題を含めて改めて取り上げることにしたいが、法律改正ではなく、法解釈が法律自体のあり方を変更していることにわれわれは注意しておかなければならない（このような法解釈の問題性は、憲法第九条の解釈の変遷をみれば明らかだろう）。

都市化と墓地

墓地の新設が一八七三（明治六）年以降ずっと政府の許可事項であったことは、すでに述べた。この墓地の新設の許可制は実質的には個人墓地の新設を妨げ、新設墓地は地方公共団体の経営する公営墓地に限定されてきた。

しかし、戦後すぐ、一九四六（昭和二十一）年九月に、内務省警保局長と厚生省公衆衛生局長名で「墓地の新設に関する件」とする通達が出される。この通達は墓地の新設は原則として認めない立場はこれまでと同じであるが、新設を実質的に緩和する方針が打ち出された。

それは六ヵ条からなるものであるが、主なものを取り上げると、(1)宗教の如何にかかわらず、差別的な取扱いをしない、(2)墓地新設は地方公共団体にたいして認めることを原則とするが、それが困難なときには、キリスト教を含む宗教団体に墓地の新設を認める（墓地の新設は、原則として市町村などの地方自治体として、困難な事情があるときは宗教法人・公益法人にも認める）、(3)墓地の新設ができなければ寺院・教会などに納骨堂の新設を認める、(4)山間など人里離れた場所では個人墓地の新設を認める、という内容のものであった。

この通達の背景ははっきりしないが、占領下でのキリスト教徒の墓地の確保の要求により、このような新設墓地緩和の方針が打ち出されたのかもしれない。

この墓地新設の方針の通達は、新法（墓埋法）施行後も有効であることが確認され、墓地の新設のラッシュがはじまることになる。

表4は全国の墓地の推移をまとめたものである。この表でも明らかであるように、戦後の墓地面積の増加には目を見張るものがある。

また、一九五四（昭和二十九）年には土地整理区画法に基づいて、一九六八（昭和四十三）年には都市計画法に基づいて、墓地の新設の許可を土地整理区画事業あるいは都市計画事業の許可とともに得られることになった（なお、一九七五〔昭和五十〕年にも「大都市地域における住宅地等の供給に関する特別措置法」に基づいた墓地の新設の許可が可能になった）。

しかし、東京都においては戦後の都営霊園（墓地）の新設は二ヵ所（小平霊園と八王子霊園）にすぎず、首都への人口の集中は公営墓地の不足をもたらし、民間墓地への依存を高めることになった。

民間墓地への依存と墓地の新設条件の緩和は、営利的な墓地の造成を促進させる結果となった。大量の遊休地をかかえた多くの不動産業者などが、宗教法人の名義を借りて県から許可をとって墓地経

年　　度	墓地箇所数	墓地面積	火葬率
大正 8 (1919)年	1,015,682	21,198(町)	38.98%
昭和 5 (1930)年	981,933	22,141 ha	47.24
昭和16(1941)年	962,881	25,414	56.91
昭和28(1953)年	899,210	87,618	56.23
昭和34(1959)年	926,762	—	91.44
昭和48(1973)年	886,828	110,732	99.33
昭和60(1985)年	885,059	—	—

出典—『東京都霊園問題調査会報告書付属資料』

表4　全国の墓地の推移

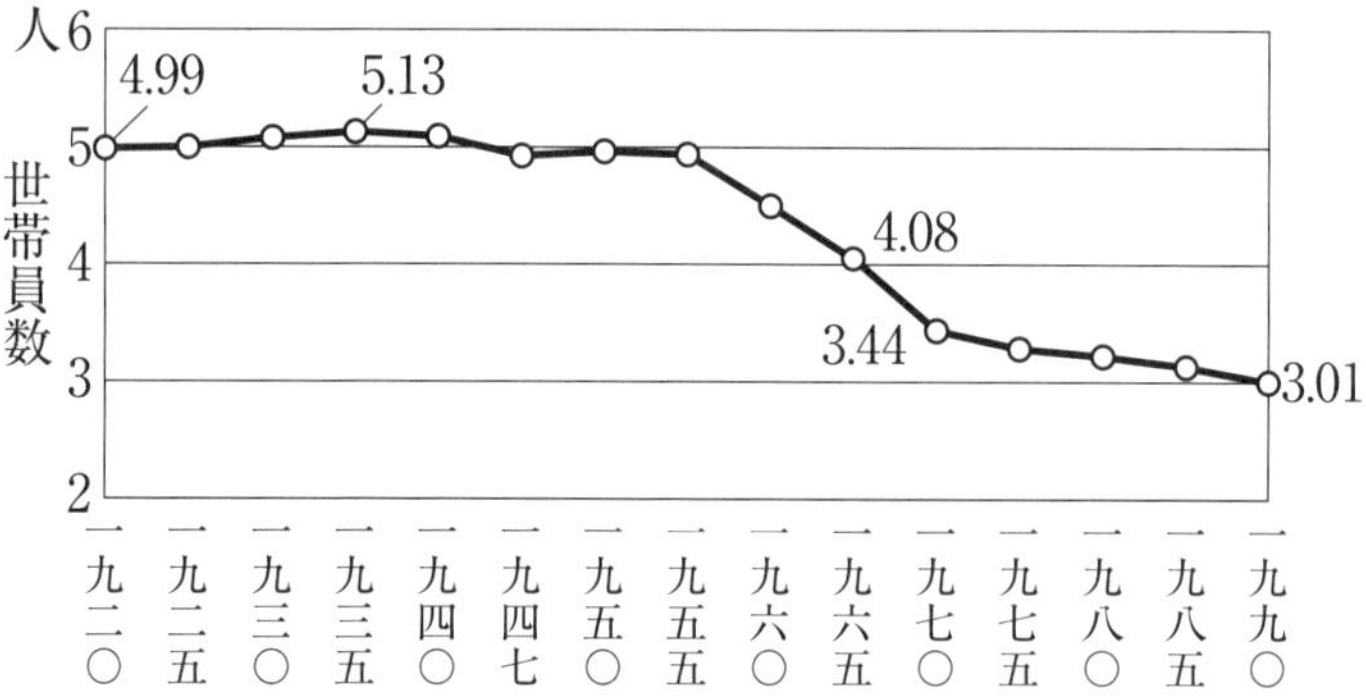

注—1970年，1975年の統計は，1980年の定義によって組み替えたものである。1975年までは，会社・官公庁などの独身寮に住む人について，棟ごとにまとめて一世帯としていたが，1980年からは1人1人をそれぞれ一つの世帯として調査するようになった。

出典—『人口の動向』1990年

表5　日本の平均世帯員数の推移

営に乗り出してきたのである。

この営利的な墓地造成について、その歯止めをかけるべく一九六八（昭和四十三）年と一九七一（昭和四十六）年に厚生省環境衛生課長から二度の通達が出される。それは、墓地の永続性と非営利性の確保を求めたものであり、墓地新設の主体は原則として市町村などの地方自治体であり、困難な事情があるときは宗教法人・公益法人にも認めることができることを確認し、その厳格な審査・適用を求めるとともに、公益法人であっても営利事業類似の経営をおこなうべきではなく、公益目的に則って適正な墓地経営をおこなうべきである、とするものであった。

高度成長期のなかで展開する公営墓地の不足と民間墓地への依存という状況は、現在に至るまで変化しているわけではない。しかし、昭和四十年代における墓地問題はどのように墓地を市民に供給するかということであり、墓地環境と墓地不足の問題に限定されていた。

戦後日本の家族と墳墓

この墓地不足は、高度成長のなかで都市へ人口が集中し、都市のなかで地方出身者たちが新たに家族を創設したとき、自らの「死後の住処」を求めて新たな墓地を必要としたことによる。

高度成長期の日本の家族は、戦前のように家的な性格を刻印された直系家族ではなく、〈近代家族〉であるといわれている。つまり、その家族は夫婦を中心として未婚の子供からなる核家族であり、この核家族こそがこの時期の家族を代表するのである。

表5は一九一九（大正八）年以降の平均世帯員数の推移を示したものである。たしかに、一九五五（昭和三十）年以降その世帯員数の減少は著しく、世界でも例を見ないほどのスピードで核家族化が進行したことがわかる。

しかし、核家族として形成されたこの時期の家族が、果たして家的伝統を払拭した家族であったといえるのであろうか。

何をもって〈近代家族〉というべきかは議論が分かれるところであろうが、少なくともその理念型としての〈近代家族〉の形態は、個人の自由な意思に基づいて結婚し、それぞれの定位家族（自分が生まれ育った家族）から独立し、新たな生殖家族を構成するような〈家族〉である、といえるであろう。〈近代家族〉のモデルは欧米で形成されたものであるが、少なくともこの夫婦家族（核家族といってもよい）こそが日本でも多かれ少なかれ近代の〈理想〉の家族として措定されてきた。しかし、欧米型の夫婦家族を規定するものは、夫婦と未婚の子女によって構成されているという事実ではなく、子の青年期における、親からの独立であり、ネオローカリズムともいうべき独立居住婚（neolocal marriage）の形態である。欧米の家族は、血縁思想を克服した（言い換えるならば、祖先祭祀の欠如した）ヨーロッパ的伝統のもとで形成された家族形態であり、〈親子関係〉が強調され、祖先祭祀の観念を維持する日本の家族とは異質な家族であるといわなければならない。

たしかに、戦後の日本でも核家族化は猛烈な勢いで進行した。しかし、ここで形成された核家族は欧米型の核家族と同じものではなかった。高度成長期あるいはそれ以前に都市へ流出してきた新中間階層（サラリーマン階層）の家族は、一方では終身雇用制を梃子《てこ》として企業の枠組みに組み込まれ、他方では、従来の家観念を払拭できないまま、定年退職を迎えた。

彼らは、故郷に帰るべき家があるときには死後故郷の家墓に入ることを望み、二、三男などのような墓をもたない人々は都市近郊に開発された墓地に新たな〈家墓〉を建立し、子どもとともにその〈家墓〉に入ることを望んだ。彼らは、生前に自己の「死後の住処」を購入し、子ども（長男であるとは限らない）がその墓を継承することを望み、その墳墓に、「○○家之墓」と刻んだのである。このような家墓は、戦後社会のなかで確実に増加していったのである。

ここには、〈祖先祭祀〉の観念に規定された「日本型近代家族」の姿がある。つまり、家族の連続性はなお維持されているのである。家墓は、先祖とともに眠る場であるという観念を残しながらも、他方では子孫とともに眠る場として、新たな展開をはじめた。

ここでは、すでに戦前の家督相続に代表される「家の継承」という観念は希薄であるとしても、なお家族の連続性を志向する姿がみられるのである。夫婦を単位とした家族について規定した民法（家族法）のなかに祭祀条項が残されたことは前に述べたが、祭祀条項を組み込んだ核家族が戦後日本の家族の姿であった、といえるであろう。

企業墓

物故社員を供養するための企業墓が登場するのは戦前であるが、それが増加するのは戦後の高度成長期である。この企業墓のなかにも、家的伝統を脱することができなかった高度成長期の家族と企業の姿がみえる。

文化人類学者の中牧弘充によると、高野山の奥の院の墓地には多くの会社供養塔があり、最古ではないが会社供養塔の先鞭《せんべん》をつけたのは松下電器産業であり、一九三八（昭和十三）年に建立され、一九四一（昭和十六）年には丸善石油、一九四三（昭和十八）年には久保田鉄工、戦後になって一九五〇（昭和二十五）年には大阪瓦斯《ガス》、それ以降、会社供養塔の数は増え、昭和三十年代には十あまりの企業が、昭和四十年代には二十五の企業が新たに建立し、現在ではおよそ九十ほどの企業が会社供養塔を建立している、という。

また、一九八九（昭和六十四）年三月十四日付の「日本経済新聞」（東京版夕刊）でも、「入社から墓場まで――企業の墓で社員供養」と題して「企業墓」が報じられている。この記事によれば、一九七七（昭和五十二）年にオープンした比叡山延暦寺大霊園には、滋賀銀行、丸大食品、佐川急便など五十社ほどの「企業墓」があり、一九八八（昭和六十三）年十月におこなわれた三星堂の開眼法要では、社長以下全役員と労組代表、ＯＢ代表、物故社員九十七人の遺族が参加したという。物故社員の遺族の消息をつきとめるのはひと苦労であったが、それでもこの遺族の法要への参加率は百パーセント近かったとある。

供養塔の形態は、五輪塔などの伝統的な形態を踏襲するものから、アポロ11号を模したもの、社章をあしらった彫像などさまざまである。そして、供養塔をもつ会社では年に一度、創立記念日などに物故社員の慰霊行事をおこなう。会社あるいは高野山で法要を営み、銘板に過去一年間の物故社員名を刻み、それを供養塔に納める。過去帳を寺院に保管する会社もあれば、供養塔に納骨する団体もある。この供養塔（＝企業墓）が一般に納骨施設をもつ墳墓であるのかどうかは明らかになっていないが、少なくとも法的に承認された墓地に建立されているようである。

「企業墓」も新たな総墓形態の〈墓〉の一種として考えることができるであろう。明治末期以降形成されてきた終身雇用制に支えられた家族主義的経営のなかで、一企業があたかも一つの〈家〉のようにみなされるとすれば、物故社員を〈先祖〉とする祖先祭祀の観念が形成されても、それほど不思議なことではない。

また、祖先祭祀をこれとは異なった文脈で強調する企業もある。一九八三（昭和五十八）年三月八日の「朝日新聞」の報道によると、海外に支店をもつ、ある中堅精密機械メーカーでは、毎年、父母・祖父母の祥月に〈祖先祭〉を執行しているという。この企業では、この〈祖先祭〉の趣旨を「今生きているのは先祖のおかげである」と説明し、あわせてこの機会に社員の誕生会や功労社員の表彰をおこなうとしている。

企業墓の論理は、企業を〈家〉とみなすことによって企業への帰属意識を確保しようとするものであり、祖先祭の論理は、祖先愛慕という素朴な情緒的感性に訴え、それを企業への帰属意識へ転化させるものである。このような類推《アナロジー》と情緒性は、かつての家族国家論において強調された論理であり、その意味では、祖先祭祀を軸にして社会統合をはかった戦前の支配の論理を引き継いだものであるといえる。

「国家―氏神（ムラ）―家」が祖先祭祀の枠組みで統合されたのが、明治国家の家族国家イデオロギーであるとすれば、高度成長期の日本では、「国家（日本株式会社）―企業（企業墓）―家族」という枠組みのなかで、祖先祭祀の観念がなお、社会統合のイデオロギーとして、生き続けていたのである。

2　変貌する現代の墓制

出生率の低下

戦後日本の家族は、核家族化したとしても、家族の連続性を放棄したわけではなかった。しかし、戦前の家の継承がそのままおこなわれたわけでもない。第一章でも述べたように、家族の連続性を象徴するような「○○家之墓」にたいして「やすらぎ」「憩い」「愛」などの言葉を刻む墳墓が登場した。

この新たな装いの墳墓は、自覚的に墳墓から家的色彩を払拭しようとする意思の表現でもあったが、一方では、たとえば婚出した女性が生家の両親の墳墓を建てたとき、不可避的に生じる現象でもあった。

つまり、東京都営霊園「霊園使用制限」の「家名を表示する場合には原則として使用者（名義人）の家名しか刻字できません」という規定によって、生家の姓を刻むことが制限されるからである。この種の言葉を刻む墓地が、『朝日新聞』（一九七七《昭和五十二》年九月十七日付）によると、都営八王子霊園では二パーセントにすぎないとされるが、富士霊園でみる限り、全体の一割に達しているという。

家名を刻まない墳墓のなかに家族構造・家族意識の変化をみることができるとしても、墓地の供給者は、墓地の使用が永代であり、墳墓が子ども（祭祀承継者）によって継承されていくことを前提としている。家族の連続性を前提として墓地使用権や墳墓は継承されるのであり、私たちはつい最近に至るまでこの矛盾に気づかなかった。

ところが、家族の連続性を維持しようとしても維持できない事情が客観的に生まれてきた。出生率の低下である。

一九二五（大正十四）年の合計特殊出生率は五・一〇七、一九四五（昭和二十）年は四・一一三、

一九五五（昭和三十）年は二・三六九、そして一九七五（昭和五十）年は一・九〇九、これ以降はずっと二を切った数字が続き、一九八九（平成元）年は一・五七となり、「一・五七ショック」という言葉が流行語にもなった。

理論的には、二つの異なった家族の子女が結婚したとき、合計特殊出生率が二より低い場合には、男女が同数で、しかもその子女が結婚年齢まで死亡しないと仮定したとしても、連続性を維持できない家族、言い換えるならば、跡継ぎを確保できない家族が必然的に一定の割合で出てくることになる。このような状況下では、跡継ぎによって継承されることを前提とした家墓（家族墓）を支える基盤が崩れ、継承者を失った墳墓（無縁墳墓）が必然的に発生することになる。

いわゆる「無縁墳墓」

「無縁墳墓」とは、葬られた死者をとむらうべき縁故者がいなくなった墳墓（厚生省生活衛生局企画課）とされる。無縁墳墓は現行法では「墓地、埋葬等に関する法律施行規則」第三条に「無縁墳墓の改葬」について規定している。

無縁墳墓の研究をした竹内康博によると、「無縁墳墓」についての法的規定の最初は、一九三二（昭和七）年十月一日の「墓地及埋葬取締規則細則」改正であるとし、一九三二年当時すでに人口の集中がめだった首都東京では、無縁墳墓の存在が社会問題化していたことをうかがわせる、と論じている。

話は横道にそれるが、この一九三二年に『不滅の墳墓』という書物が出版されている。この著者である細野雲外がどのような人物であったか私は知らないが、彼の主張は、人々を「一切平等同一墓域同一墓穴に合葬し」、無縁にはならない「永久不滅の墳墓」を建設しようというものである。

細野は、昨日の有縁は今日の無縁であり、今日の有縁は明日の無縁であると指摘している。東京の都市化のなかで無縁になっていく墳墓を彼がどのように認識していたかはわからないが、この時代に無縁墳墓についての関心が高まってきたことは事実であろう。

さて、前に無縁仏について述べたとき、無縁仏が家によって規定された概念であるとし、無縁仏をまったく祀らなかったのではなく、その死者と縁故のあった家やムラが無縁仏を祀っていたと述べた。つまり、かつての共同体は、生き倒れや異常死の死者を含めて、何らかの形で無縁仏を祀る装置をもっていた。

しかし、先祖と無縁仏という言葉によって区別すること自体、両者の間にはその祀り方に、明らかな差異・差別があった。ウィーンでは、一般の墓地とは別に「名前のない死者の墓地」とでも訳したらよいのだろうか、ナーメンロス・フリードホフ（Namenlos Friedhof）と呼ばれる墓地がある。ここに葬られるのは身元不明者である。ここでも身元不明者と通常の死者との間に差異・差別があるといわなければならないだろう。

無縁仏については、二つの問題があることに気づく。第一は、現在の日本の都市のなかに身元不明者などの無縁仏をまつる装置があるのだろうか。

これについては、「墓埋法」や「行旅病人及行旅死亡取扱法」（一八九九《明治三十二》年）が適用され、市町村長が埋葬あるいは火葬の義務を負うとされている。

また、老人ホームなどの社会福祉施設での身寄りのない老人の場合は、老人福祉法などの他の法律の適用を受けることになる。

引き取り手のない遺体については、「死体解剖保存法」が適用されるので、死体解剖にまわされることになる。この場合は、「墓埋法」「行旅病人及行旅死亡取扱法」などの適用はない。

これ以外のことは法律に規定はない。一般には、無縁納骨堂へ収納することになるのであろう。ここで規定されているのは、遺体・遺骨の処理方法であり、無縁仏を祀るという枠組みはない。

ただ、東京都においては、身寄りのない老人については「老人共同墓地設置運営要綱」に基づいて、また、児童福祉施設などで死亡した児童で遺骨の引き取りがないときは「子供の碑使用内規」に基づいて、遺骨の保管・祭祀をおこなうようである（『東京都霊園問題調査会　付属資料』、一九八八《昭和六十三》年）。

「無縁墳墓」の処理

現在「無縁墳墓」として問題になっているのは、かつては祀り手がいたが、何らかの事情で祀り手がいなくなった墳墓、つまり祭祀承継者がいない墳墓であるといってよいだろう。ここで、もともと「本仏」であった死者が、身元不明者と同様な「無縁仏」に転化するのである。これが第二の「無縁仏」の問題である。

「墓埋法」の施行規則は、無縁墳墓の改葬については厳しい手続きを規定したが（この手続きのあり方が現在問題となっているが、ここでは問わない）、この「無縁」になった墳墓を、改葬後どのように処理するかは「墓埋法」では規定されていない。このことは、墓地行政が公衆衛生・都市計画の観点からどのように墓地を供給するかに限定され、供給した墓地区画は家によって永代にわたって管理されればよい、という判断に基づいていることを示すように思われる。

墓地行政のなかでは、祭祀の承継者は「存在すべき」であり、家族は連続すべきものであるという、価値判断が前提となっている。

現在、全国の墓地で「無縁墳墓」がどの程度あり、どのように処理されているのか、その実態に基づく資料はない。東京都の「墓地等の構造設備及び管理の標準等に関する条例」（一九八四《昭和五十九》年）第一四条では、無縁の焼骨などについて規定している。

その要旨は、無縁の焼骨を発掘し、収納したときは一体ごとに不朽性の容器に納め、死亡者の氏名・死亡年月・改葬年月日をその容器に記入して、保管しなければならない、というものである。

ここでいう「無縁の焼骨など」というのは身元不明者などの無縁仏も含まれるであろうし、承継者がなく無縁仏になった焼骨も同様の処理がなされることになる（「無縁墳墓調査整理事務処理要綱」、一九七九《昭和五十四》年）。つまり、無縁墳墓から改葬された焼骨は、身元不明人と同様に無縁納骨堂に収納されることになるのだろう。

一九八四（昭和五十九）年の古い資料になるが、都営霊園の管理料の未納墳墓は七千六十八区画、都営八霊園総区画の三パーセントに達するともいわれている。さらに、東京都霊園問題調査会の会長を務めた磯村英一によると、東京都の霊園墓地を利用する者でも、十年を経過すれば一割が無縁になり、三代（百年）もたてば三分の二が無縁化するであろう、と論じている。

無縁仏になる不安は、基本的には祀り手がいなくなることへの不安である。現在の「無縁墳墓」の問題は、誰もが〈無縁仏〉になる可能性があるにもかかわらず、その祀り手がいなくなるという不安を解消するような政策が欠如していることに起因している。この問題は後にもう一度触れることにしよう。

次に問題とするのは、無縁仏になることが確実な人々が、その不安を払拭するために新しい形態の墳墓を模索しはじめたことである。

志縁墓――「女の碑の会」

一九九〇（平成二）年三月二十三日、京都嵯峨野の常寂光寺《じょうじゃっこうじ》で〈志縁墓《しえんばか》〉（志縁廟《びょう》とも呼ばれている）

の落慶法会《らっけいほうえ》がおこなわれた。この〈志縁墓〉の建立は、「女の碑の会」の活動に基づくものであり、同寺住職・長尾憲彰の協力によって建てられたものである。

「女の碑の会」は、第二次世界大戦によって独身を余儀なくされた女性たちを中心として一九七九（昭和五十四）年に設立された。このとき、常寂光寺に「女ひとり生き　ここに　平和を希《ねが》う」と刻んだ碑を建設したが、この段階において、すでに共同納骨堂の構想が彼女たちのなかにあった、という。「女の碑の会」代表・谷嘉代子は次のように述べている。

一九七九年は戦後三十数年が経っていて、終戦当時結婚適齢期であった女たちは熟年期になっていました。「女ひとり生き　ここに　平和を希う」の「ここに」には生きている間こそ独りで頑張ったけれど、死んでからは「ここに」仲間たちと一緒に眠りたいという思いがこめられています。碑文を考えるときに、会員からの要望で、どうしても一緒に眠るという言葉がほしいということから、「ここに」を入れたのでした。熟年期なればこその発想ですが。碑の建設準備の段階で、会員の碑にかける思いのなかに、平和を願う気持ちと、仲間と永眠後も一緒にいたい気持ちとが、重なっていたのです。墓としての期待については、十数年経った今年、納骨堂を建設することで実現できることになりました。

谷嘉代子によると、「女の碑の会」設立から十年を経て、毎年着実に会員を増やし、会員数は三百五十名に及び、その間に十三名が物故者となり、物故会員が納骨堂の必要を迫ったとも語っている。

この志縁墓（＝共同納骨堂）は、常寂光寺の所有であり、木造かわらぶきの寄棟造《よせむねづくり》で、延べ四十平方メートルの面積をもつ。納骨堂一階に焼骨を安置する棚が並び、これらの焼骨はいわゆるトモライアゲの後、地下の納骨のために掘られた井戸に納められるという。いわゆる〈総墓〉形態の墳墓である。

戦争の犠牲者ともいうべき女性たちが熟年に達した段階で、自分たちの死後に不安を抱くことは自然の成り行きであった。高度成長のなかでも墳墓は家墓を中心として展開していたが、そのような〈家〉の枠組みから排除された女性たちは〈墓〉をもつことさえできなかった。

公営の墓地の多くは、遺骨をもつ人々にしか使用を認めなかったし、民間の墓地は、祭祀承継者のいない人には墓地の使用を認めない場合が多い。自分の〈墓〉をもつことができないとすれば、自分たちが〈無縁仏〉として葬られるしかないことになる。このような不安が、同じ境遇の人々が集まって共同納骨堂を建設しようとする運動に結びついた、と言えるであろう。

現在の墓地行政の貧困さは、戦争の犠牲者ともいうべきこのような人々をも救うことができないのである。

新たな墓制の展開──現代の総墓形態の墳墓

一人っ子同士が結婚したときには、どちらかの定位家族に跡継ぎがいなくなる。このようなとき、一つの墳墓に両家の姓を刻み、いわゆる「両家の墓」を建てる場合がある。この種の墳墓の建立は必ずしも最近の現象というわけではないが、最近ではどの墓地にいってもみかけることができるものであり、確実にその数は増加してきている。

「両家の墓」は、いわゆる「長男長女時代」のシンボリックな形態であり、多くの人の注目を集めた。このような形態の墳墓のなかに、祭祀を存続させるための苦肉の策をみいだすことができる。〈無縁仏〉になる不安をもっとも深刻に感じる人々は、生涯独身であった人や、結婚をしても子どもがいないなど何らかの事情で跡継ぎ（祭祀の承継者）がいない人たちである。

「二十一世紀の結縁と墓を考える会」を組織した井上治代（ノンフィクション作家）は、『現代お墓事情――ゆれる家族の中で』の巻末に、一九九〇年段階の「後継ぎのいない人のためのお墓一覧」を掲載し、十三の施設を紹介している。これらの墳墓は、跡継ぎがいない人々にたいして「死後の住処」を提供しようとするものであり、その多くが家の枠組みを超えた共同の墳墓（総墓形態の墳墓）として展開していることに注目しておきたい。

その形態は、経営主体からみると、三つに分類することができる。

第一は、宗教団体（主に寺院）がそれを提供する場合である。人口の流動化のなかで寺檀関係が動揺し、寺院経営の基礎が揺らぐなかで、家族の変動に対応した新たな宗教活動と寺院経営の基盤を求めたものということができるだろう（新潟県の妙光寺の安穏廟《あんのんびょう》、茨城県の法輪寺の永代経墓地、滋賀県の比叡山延暦寺の久遠墓《くおんぼ》など）。

第二は、共同の墳墓を民間の霊園が提供する場合である（茨城県のつくば千代田神徒《しんと》霊園のつくばサンパーク霊園、埼玉県の花園むさしの園の久遠墓など）。

第三は、有志で共同納骨堂をつくる場合である。「女の碑の会」の〈志縁墓〉もこの形態であるが、典型的なのは東京の「もやいの会」の「もやいの碑」であろう。「もやいの会」（会長・磯村英一）は一九九〇（平成二）年に発足し、生前も会員の親睦を含めた活動をおこない、死後「もやいの碑」に共同で埋葬されることになる。「もやいの碑」に入るためには「もやいの会」に入会しなければならない。この墳墓は、入会金と年会費をとる「会員制の墓」である（埋葬の費用は別に必要である）。血縁や地縁ではなく、このような仲間と一緒に埋葬されるというのは、現代の新しい墳墓の形態といえるであろう。

また、長野県の上清内路《かみせいないじ》の、一つのムラが一つの墳墓を共有するという、一村総墓の形態を前に紹介したが（第三章の4参照）、一九七四（昭和四十九）年の春に在京の清内路村出身者によって構成された「清郷会」が東京都八王子市の高尾霊園に共同納骨堂を建設している。郷里の墓制に愛着をもって共同の墳墓を建立したのであろうが、仲間と一緒に共同の墳墓をもつという意味では「もやいの碑」と共通した側面をもつ。

もっとも、共同の墳墓といっても、それぞれにおいて形態は同じではない。はじめから共同納骨堂へ焼骨が収納される場合もあれば（志縁墓やもやいの碑など）、最終年忌までは個人墓あるいは夫婦墓の形態で墓を建てておくが、その後合葬する形態（延暦寺の久遠墓など）をとるなど、多様で新しい墳墓の形態が展開している。

新たな総墓形態の墳墓が将来どのように管理・維持されていくのか、疑問がないわけではないが、少なくとも共同で埋葬されることによって自分が「無縁仏」になる不安からは解放されることになる。このことは、清内路村のアンケート（一一三ページ）をつうじて示したように、このムラが続く限り誰かが供養をしてくれるので合理的である、と考える意識と共通しているであろう。

撒骨の要求

無縁仏になることを恐れるという点では、最近の撒骨（散骨とも書く）の要求も同様である。墳墓が祖先祭祀の対象としてみなされてきたが、その拒絶の延長線上に〈墓〉そのものを否定する思想が生まれてきても不思議ではない。撒骨は墳墓の継承という観念も否定することになる。

このような撒骨を日本古来の伝統的な葬法としてとらえる考え方もある。淳和《じゅんな》天皇が骨を砕いて粉となしこれを山中に散らすように命じた遺言（八四〇《承和七》年）や、万葉集のなかに二首の撒骨にかかわる挽歌が残されていることがよく知られているが、このような撒骨はいわば例外的な葬法と考える人が多かったと思われる。

これにたいして、考古学者の斎藤忠は、『東アジアの葬・墓制』のなかで、古代朝鮮や日本において、七、八世紀から九世紀にかけての葬法として撒骨が広くおこなわれていたものであり、撒骨は特殊な葬法ではなく、古来からの習俗が仏教思想と重なりながら展開したものだと説いている。

斎藤忠は、撒骨が古来の葬法であるとする場合、再葬の習俗（埋葬した遺体を掘り起こして洗骨などをおこない、もう一度埋葬するという、改葬をともなう習俗。一般には複葬と呼ぶ人が多い）と結びつけ、改葬の後に火葬しその焼骨を撒いたのだとする。

しかし、現代の撒骨の要求は、このような古代の撒骨の系譜を引くものではない。現代の撒骨の要求は、自己の死後にたいしても一定の自己決定権を主張することであり、その選択肢の一つとしての撒骨の要求である。撒骨の運動を進める「葬送の自由をすすめる会」の会長である安田睦彦は、この撒骨の葬法を〈自然葬〉と命名した。

もっとも、自然に還るだけであるならば、土葬もまた〈自然葬〉ということになる。死後のあり方を自分で決めるという新しい思想、それが「葬送の自由」であるとすれば、その運動は葬法の多様性を認める運動でもなければならないだろう。

これまで多くの人々が、撒骨を違法な葬法として考えてきた。それは墓地以外への遺体の埋葬・焼骨の埋蔵を禁止した「墓埋法」第四条の解釈にかかわっている。厚生省が監修した『逐条解説　墓地、埋葬などに関する法律』の一九七九（昭和五十四年）版と一九八八（昭和六十三）年版では、その第四条の解釈に違いがあることは前に述べた通りである。実際、一九九一（平成三）年に「葬送の自由をすすめる会」が相模湾でおこなった撒骨について、厚生省はこれを明示的に禁止する規定はないとして、実質的に黙認した。

厚生省見解は葬法の制限を刑法の規定（たとえば遺体遺棄罪など）に委ねるものであり、このような解釈が「墓埋法」自体を空洞化させているといわなければならない。しかし、問題は、この解釈の是非よりも、法律が新しい時代の要求に対応できなくなっていることにある。

これまで自己の死は、〈私〉が考えるものではなく、〈私〉の子孫が考えるべき問題であり、〈私〉は自己の死に関して何の権利をもたなかった。祖先祭祀の規範は、子孫が伝統に従って祖先を祭祀すべきことを求めるものであり、自己の死を家の枠組みのなかに閉じこめてきたのである。

新しい時代の要求は、自己の死あるいは自己の死後を自らの手で制御したいという、新しい意識の形成に基づくものである。家から解放された人々は、死の場面でも個性を主張しはじめたのである。このパラダイムの変化は、スローガンとしては「祖先祭祀」から「葬送の自由」への変化と特徴づけることができるであろう。

女性の立場からの主張

現代の墓制をめぐる問題としては、女性の立場からの主張も見逃すことはできない。家墓を中心とした現在の墓制について、その問題点を浮かび上がらせたのは、女性の立場からの主張であったとい

項　　目	実数	%
自分の両親と一緒	77	22.9
分割して実家の墓	13	4.2
夫の先祖とはイヤ	35	14.6
姑とはイヤ	14	5.8
夫とはイヤ	5	2.1

注—井上治代「現代の墓に関する意識調査」より筆者作成。
被調査者は240人。
このなかで家墓を拒絶する女性は，複数回答を是正すると，36.4%になる。

表6　家墓を拒絶する女性の意識

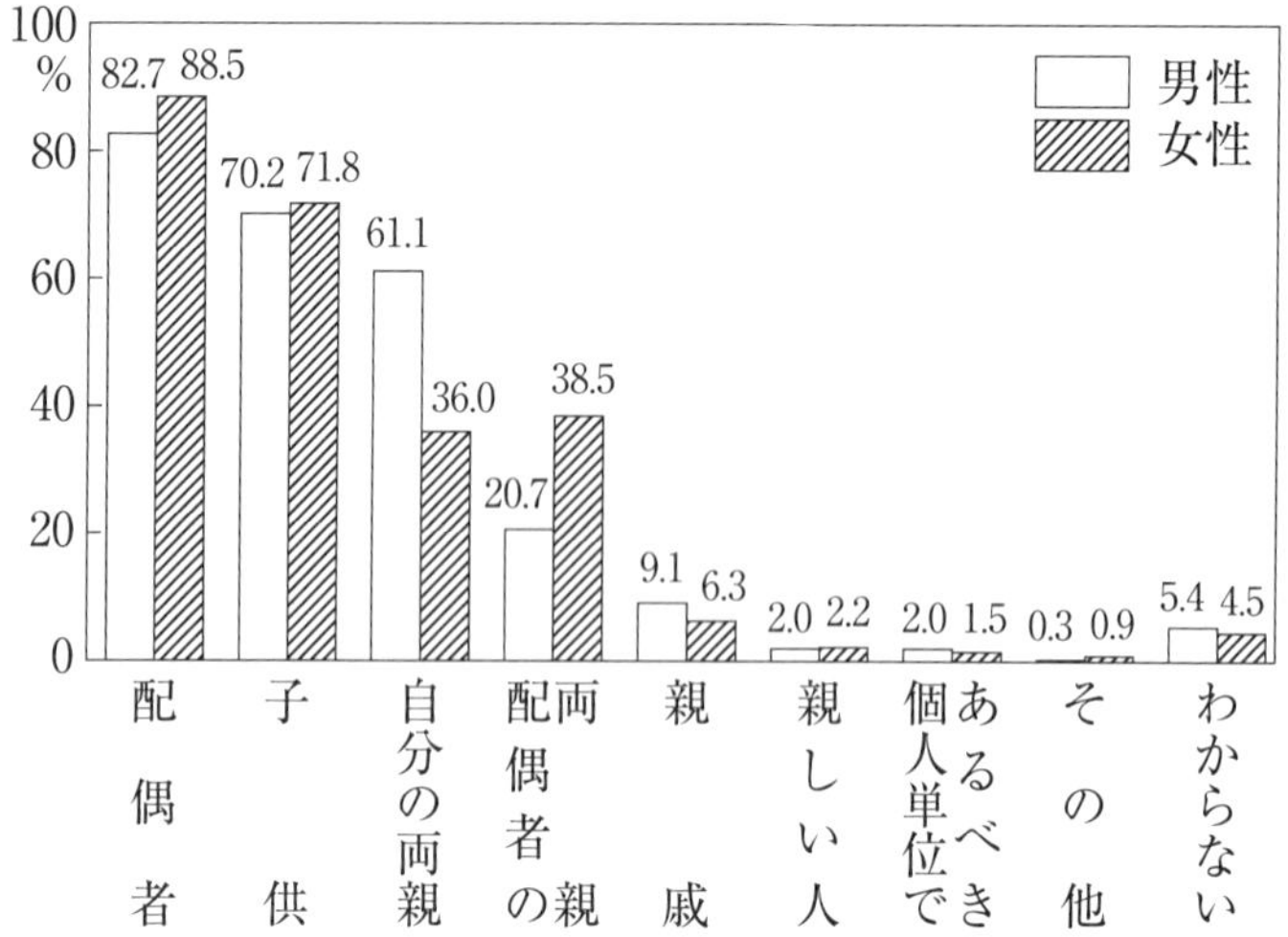

表7　墓地に誰と一緒に入りたいか（平成2年：総理府世論調査）

っても過言ではない。

その一つは、前に述べた「女の碑の会」の活動である。彼女たちの運動は自分たちの「死後の住処」を求める運動でもあったが、そこには、家の枠組みに組み込まれず生きてきた女性たちが、なぜ「墓」から排除されなければならないのかという主張があった。少なくとも、私はそのように理解している。

もう一つは、一時マスコミで騒がれた「夫の家の墓には入りたくない」とか、「夫とは一緒の墓に入りたくない」という女性（主に主婦）からの主張である。表6は、井上治代の「現代の墓に関する意識調査」（『現代お墓事情』所収）に基づいてまとめたものである。

この表からうかがえるものは、夫の家への帰属意識の変化であり、夫の家への帰属意識の希薄化に対応して、生まれ育った生家（定位家族）にたいする帰属意識への傾斜が強くなってきたように思える。

このことは、表7の総理府の調査においても表れており、自分の両親と一緒に入りたいという女性は、井上の調査の数値を超え三六パーセントに達している。

「夫と一緒の墓に入りたくない」というのは生前の夫婦関係に規定される問題であり、その数値も大きなものではないのでここでは触れないことにしよう。問題は、「夫の家の墓には入りたくない」という女性の側からの主張である。ここでは、家意識の変化というよりも、家を拒絶するという観念が女性の間で確実に浸透していることがわかる。死んでまでも家に拘束されたくないという意識は、まず女性の側から主張されはじめたのである。

出生率の低下とこのような女性の意識変化は、家墓を根底から揺るがしているのである。

3　これからの墓地問題

期限つき墓地

ヨーロッパでも近代になって家族墓が増えてきたことは、第一章で述べた通りである。ヨーロッパの葬法が土葬であるにもかかわらず、なぜ家族墓が形成されるか不思議に思うかもしれないが、家族墓所として区画された墓地では、上下に三ないし四つの棺が重ねて埋葬される。広い家族墓所ではそれが二列以上にわたって配置されている。もしこれが一杯になれば、最初に埋葬した遺体を改葬していちばん下に埋めるのだという。

また、土葬といっても私がみる限り二つの形態がある。つまり、文字通り棺を地下に埋める方法と、地下に墓室をつくり、そこに棺を安置する方法である。さらに、この墓室が地上につくられることもある。マウソレウム（霊廟）と呼ばれる建物に、〈個室〉をつくり、そこに棺を収納することになる。

このような家族墓であっても、墓地管理者との使用契約では「期限つき」であり、使用契約を更新することによって、家族墓としての利用が可能になる。つまり、家族墓所を永代にわたって使用することは理論的には可能であるが、はじめから永代の使用権が保障されているわけではない。

私の知る限りでは、この「期限つきの墓地使用権」という観念は、すでに十九世紀末の段階において登場している。十九世紀末には、五十年以上の長い使用期間を設定しているが、その期間はしだいに短くなり、最近では十年程度に短縮される傾向にある。

オーストリアのウィーンでは一九七〇年に法律の改正があり、その期間は二十年から十年に短縮された。ドイツでは、州を単位として法律が異なり必ずしも一様ではないが、ベルリンは最長二十年、ハンブルクは最長二十五年、ミュンヘンは一定の暫定期間を経て最長四十五年、地下墓室型や霊廟は五十年の利用期間が定められている。

そして、使用権が消滅した墓地の遺体や骨壺は墓地内に設けられている共同の墓地施設に移されることになる。

墓地使用権の継承は、一般に遺言によって指定されるが、遺言のないときには、たとえばミュンヘンでは、⑴配偶者、⑵嫡出子、⑶嫡出ではない子、⑷孫、⑸両親、⑹父母を同じくする兄弟、⑺継兄弟、⑻その他の親族、という順番が決められている。継承する子どもの優先順位は年長者からと定められている。また、利用権者の死亡後二ヵ月以内に名義の書き換えをしないときには、その権利は消滅することになる。

私たちは、ここで二つのことに気づくであろう。第一に、ヨーロッパ（特にドイツやオーストリア、そしておそらくはフランスにおいても）の家族墓が、必ずしも家族の連続性を前提にしているものではないことである。その墓地使用権ははじめから期限を定められ、その継承は配偶者や子どもによって継承されることが期待されているとしても、その意思がない場合にはその使用権は短期間のうちに取り消されるのである。

第二は、墓地内に共同墓地施設が設けられ、墓地使用権が消滅した墳墓の改葬が速やかにおこなわれることである。ドイツやオーストリアの墓地が公的な施設であることは前に述べたが、死者の祭祀も最終的には公的な機関に委ねられることになるのである。

ヨーロッパの慰霊形態の変化

ウィーンでは原則として墓地使用権の期間は十年間であるが、どの程度その継続がなされるかを聞いたことがある。そのとき、ある友人は墓地使用権を継承するのは約半数だと言い、私はそれを聞いて驚いたことがある。もちろん、これは正確な資料ではないが、ヨーロッパでも確実に墓地、あるいはその慰霊形態が変化しつつある。

ヨーロッパで火葬が普及するようになるのは第二次世界大戦後であり、特に、一九六三年のカトリック教会の火葬禁止（「火葬せよ」という遺言の停止と、焼骨の埋葬拒否）の解除によって、火葬が徐々に増加している。

日本における火葬の普及は、家墓（＝先祖代々墓）の増加をもたらしてきた。火葬は個々の遺骨を一ヵ所にまとめることを容易にしたのである。しかし、ヨーロッパでの火葬の普及はまったく異なった方向をとる。

その一つの流れは、焼骨の散布である。これはイギリスを中心にみられるものであり（おそらくスウェーデンにおいても）、ドイツではこの様式について私は聞いていない。

イギリスにおける焼骨（骨灰）の散布も、アメリカのカリフォルニア州のような海や山への散布ではなく、墓地内の一定の区域の芝生に焼骨が撒かれるのである。メモリアルの形態としては、過去帳（the Book of Remembrance）への登録だけであり、それはチャペルのなかに展示されている。もっとも、この過去帳の利用は芝生へ散布した人々に固有のものではなく、墓地に付属した火葬場の利用者すべてに開放されている。

第二は、灌木やバラ園の下に骨壺が埋葬される形態である。イギリスでは、骨灰を散布する芝生と連続してバラ園などがつくられているケースが多いと言われ、私たちが考えるほど、芝生への焼骨の散布と、バラ園への骨壺の埋葬に、それほど大きな形態の差異があるとは意識していないように思われる。

メモリアルの方式としては、埋葬した場所に死者の名前を書いた小さなプレートを埋め込んでおくが、芝生へ散布した場合と同様、過去帳への登録もすることができる。

ドイツ・ミュンヘンの森林墓地にもこのようなバラ園がある。このバラ園墓地は、アノニューム（無名）墓地の隣に一区画をなしている。やはり、この墓地には小さな青銅でできたプレートが埋め込まれており、そのほとんどには夫婦二名の名前が刻まれていた。このような埋葬地がバラ園と呼ばれるのは、そこが美しい花で飾られているという意味だけではない。もともと（少なくともドイツ語圏においては）前キリスト教時代における「バラ園」は、埋葬地あるいは死者儀礼の場を意味する言葉でもあったのである。

第三は、アノニューム墓地（Anonymes Gräberfeld）への埋葬である。アノニュームとは、ドイツ語の「無名の」を意味する形容詞であるが、この墓地は、文字通り死者の名前はもちろんのこと誰がどこに埋葬されているのか、外部からは何もわからない。遺骨は骨壺に入れられて芝生のどこかに埋葬されているはずである。

友人の哲学者イェンス・ハイゼ（ハンブルク大学助教授）とハンブルク中央墓地を訪れたとき、彼はこのアノニューム墓地を「かつては名前を残さない、あるいは残したくない、たとえば犯罪者のような人々の埋葬地に利用されたが、最近では多くの人々がこの墓地を利用している。ここには死生観のパラダイムの大きな変化がある」と説明していた。

ハンブルクでは、一九七五年には火葬のうちでアノニューム墓地を利用するのは〇・五パーセントにすぎなかったものが、一九八五年には二一パーセントにまで増加している（鯖田豊之『火葬の文化』）。第四は、壁龕《へきがん》（ニッチ）や壁掛け《ウオール・タブレット》への遺骨の収納である。この様式はヨーロッパに比較的広く分布している形態である。東京都霊園問題調査会によって提言された壁墓地はこれをモデルにしたものである。それぞれのニッチはふつう個人あるいは夫婦を単位として利用していることが多いが、ウィーンでは家族墓の形態をとっている場合もある。

多様な慰霊形態——葬送の自由

ヨーロッパでは、火葬の普及とともに慰霊形態が多様化してきている。出生率の低下、離婚の増加、非婚カップルの増加（ドイツの大都市では全世帯のうち法律上の配偶関係をもたない世帯が六割を超えているという）という現象が、近代において成立した家族墓の基盤を崩しているといえる。

アリエスは、ヨーロッパで展開するこのような慰霊形態の変化について「死者礼拝から免れる確実な方策を見出している」（『死と歴史』）と論じる。つまり、火葬を選択する動機は、死体の名残のあらゆるものを消滅させ、忘れさせるという、死自体を認めない（＝「死の拒絶」）という現代人の心性の変化を読み取っている。

もっとも、私がみる限り、どこに遺骨が埋葬されているかわからないアノニューム墓地にさえ参詣者があり、依然として、ヨーロッパ大陸でも死者祭祀の儀礼は現代に続いているように思われる。しかし、それは生き残った人々の問題であり、死者は「死体の名残のあるものを消滅させ、忘れさせる」ことを望んでいるのかもしれない。

十九世紀になって教会から墓地が分離されたとき、人々は家族的なつながりを求めてそのなかで埋葬されてきた。しかし、現代では、再び人々は家族的なつながりから逃れて埋葬される傾向が生まれてきているのである。

ヨーロッパにおいては、死者が、どこに、どのような方法で埋葬されるかは死者の意思（遺言）によって決定される。したがって、火葬を選択するかどうかも死者の意思によって決定されることであって（遺言がなければ、原則として土葬である）、それが他律的に決定されることはない。

その意味では、火葬自体が死者の積極的な選択なのであり、死者の意思が最大限に尊重される装置が整っている。日本では、この視点が決定的に欠如しているように思われる。

〈福祉政策〉としての墓地行政

日本においては、江戸時代以降、死者を祀り、慰霊するのは家の役割だとずっと考えられてきた。総墓形態の墳墓の例などが示すように、民俗のレベルでは多様な形態の墳墓があったとしても、法律は、現在に至るまで、家族の連続性、つまり家の存続を前提とした枠組みを用意しただけであった。

しかし、このような伝統的な枠組みだけでは現実には対応できなくなっている。

現在でも、法律学や行政用語のレベルで、〈無縁〉という言葉が用いられている。〈無縁〉という言葉が、江戸時代以降「家の祖先祭祀」から除外された人々にたいして用いられてきたことは前に述べたが、現在では何から除外され〈無縁〉になるのだろうか。

また、出生率の低下は、現実問題として、家族の連続性を維持することを不可能にしている。家に関する意識は大きく変化している。死者の祭祀や慰霊を家族に委ねるような状況ではないのである。もちろん、現在でも多くの人々が、家族的なつながりのなかで葬られることを望んでいる。しかし、その家族は次の世代に連続性を約束するようなものではない。

さらに、死に関する意識も大きな変化の波のなかにある。脳死や尊厳死についての議論は、死について語るタブーから私たちを解放し、死についてのさまざまな議論が自己の死について直視させるようになった。

自己の死後を自らの意思によって決定しようとする「葬送の自由」という新しい権利の主張は、「私」の死を直視した結果として生まれてきたものであり、民法の祭祀条項と現行の墓埋法の再検討を迫るものとなるであろう。

近代以降、日本でもヨーロッパでも、墓地問題は公衆衛生政策として出発し、都市計画のなかに組み込まれながら展開した。しかし、今や公衆衛生や都市計画の枠組みだけでは墓地問題は解決しなくなった。

国家〈行政〉は、現代の、新しい権利を要求する人々に回答を用意しなければならない。撒骨の要求にみられるように、多様な葬法が認められなければならないし、個々人の希望する葬法の実行を保障する制度が確立されなければならない。

そして、何よりも人々が「無縁仏」になる不安、「無縁」の呪縛から解放される装置をつくらなくてはならない。その担い手になり得るのは、地方自治体だろう。地方自治体が継承者がいない墓を、「無縁墳墓」としてではなく、自治体が管理する墓として位置づけ、その祭祀を継承していくことも可能であるだろう。「期限つきの墓地」という観念も「無縁」の呪縛から解放される装置があってはじめて現実性をもつことになるだろう。

今、地方自治体が死者のためにどのようなサービスを提供することができるのか。それが問われなくてはならない。このような新しい枠組みを広く〈福祉政策〉と呼んでおこう。

誤解のないように断っておくが、〈福祉政策〉というのは社会的弱者のための政策という意味ではない。すべての人間に死が平等に与えられるとするならば、社会は、それを構成した人々の死にたいして、できる限りのサービスを提供しなければならない。それは、その社会を生きた人々の権利として、誰もが享受できる権利でなくてはならないだろう。墓地と葬送をめぐる問題は、今、新たな段階を迎え、新たな展開をはじめようとしている。

墓と葬送に関する文献

ここに掲げた文献は、ここ十数年の間に刊行された墓及び葬送に関する主要な文献である。本書において直接には引用しなかったが参照した主要な文献もここに含めた。このように過去に遡って文献を並べてみると、ここ五、六年の間に「死」や「墓」をめぐって急速に関心が高まり、さまざまな角度から研究が進められていることがわかる。

筆者も、この数年の間に、本書にかかわるいくつかの小論を発表した。

「明治初年の墓地及び埋葬に関する法制の展開——祖先祭祀との関連で」(1)所収)

「総墓の諸形態と祖先祭祀」(5)所収)

「イデオロギーとしての『祖先祭祀』と『墓』」(6)所収)

「穂積陳重と柳田國男——イデオロギーとしての祖先祭祀」(『現代法社会学の課題』民事法研究会、一九九二年)

「ヨーロッパの葬墓制Ⅰ〜Ⅳ」(『SOGI［葬儀］』五〜八号、表現社、一九九一〜九二年)

「葬送の自由——撒骨をめぐって」(『本』一九九二年二月号、講談社)

あわせて参考にしていただければ幸いである。

(1)比較家族史学会監修『家族と墓』早稲田大学出版部、一九九三年
比較家族史学会の研究大会の成果をまとめたもの。学際的に「家族と墓」にアプローチする。

(2)井上治代『いま葬儀・お墓が変わる』三省堂、一九九三年
「二一世紀の結縁と墓を考える会」を組織して実践活動をおこなっている著者が、墓と葬儀をめぐる今日的問題に取り組んだもの。(2)は「葬儀」にウエイトがおかれているのにたいし、(14)の文献は「墓」にウエイトがおかれている。

(3)新谷尚紀『日本人の葬儀』紀伊國屋書店、一九九二年
葬送儀礼について、新たな観点を取り入れながら民俗学的アプローチを試みたもの。

(4)養老孟司・齋藤磐根『脳と墓Ⅰ——人はなぜ埋葬するのか』弘文堂、一九九二年
解剖学の権威が埋葬について語ったユニークな本。

(5)「共同研究　家族・親族と先祖祭祀」『国立歴史民俗博物館研究報告』第四十一集、一九九二年
一九八六年から一九八八年の間、国立歴史民俗博物館でおこなわれた共同研究(代表者・上野和男)の成果。本書で言及した「位牌分け」の習俗は、中込睦子「位牌分けと祖先観」に、「買地券」は、植野弘子「台湾漢民族の死霊と土地」の研究に負うところが多い。また、孝本貢「共同納骨碑の造立と祖先祭祀」は、本書で総墓形態の墳墓と分類した新潟県糸魚川市の「百霊廟」に言及したものである。

(6)葬送の自由をすすめる会編『〈墓〉からの自由――地球に還る自然葬』社会評論社、一九九一年
(7)藤井正雄『お墓のすべてがわかる本』プレジデント社、一九九一年
宗教学者である著者が墓をめぐる問題についてわかりやすく解説した。
(8)松濤弘道『世界の葬式』新潮社、一九九一年
世界百七十ヵ国・地域の葬儀を紹介したもの。各国の墓・葬儀についてのガイドブック。
(9)長江曜子『欧米メモリアル事情』石文社、一九九一年
欧米の墓地見聞記。
(10)新谷尚紀『両墓制と他界観』吉川弘文館、一九九一年
両墓制研究の現在的な研究水準を示す好書。
(11)赤田光男編『祖霊信仰』（民衆宗教史叢書第二十六巻）雄山閣、一九九一年
論文集成。(33)の文献が刊行された以降に発行された主要な文献が掲載されている。
(12)安田睦彦『墓なんかいらない――愛すればこそ自然葬』悠飛社、一九九一年
「葬送の自由をすすめる会」の会長である著者が、どうして撒骨が必要であるかを説いたもの。
(13)水藤真『中世の葬送・墓制――石塔を造立すること』吉川弘文館、一九九一年
(14)井上治代『現代お墓事情――ゆれる家族の中で』創元社、一九九〇年
(15)P・アリエス『図説　死の文化史』日本エディタースクール出版部、一九九〇年

⒃鯖田豊之『火葬の文化』新潮社、一九九〇年
日本とヨーロッパの火葬について比較文化的に考察したもの。ヨーロッパの火葬の現状について見事にまとめている。

⒄垂水稔『結界の構造──一つの歴史民俗学的領域論』名著出版、一九九〇年
生者と死者の空間論。京都を中心とした都市空間と葬地（墓地）の歴史的な変遷も扱っている。

⒅江守五夫『家族の歴史民族学──東アジアと日本』弘文堂、一九九〇年
第二篇補説で葬制に関しての比較民族学的考察をおこなっている。日本社会の多様な葬送儀礼を考えるとき、このような比較民族学的な方法が必要とされるだろう。

⒆福田アジオ『時間の民俗学・空間の民俗学』木耳社、一九八九年
Ⅱの5で江戸の火葬場を空間論的に問題としている。

⒇阿部謹也『西洋中世の罪と罰──亡霊の社会史』弘文堂、一九八九年
第六章で、「贖罪規定書」の分析をつうじて、キリスト教とゲルマン的俗信の拮抗を問題とする。

(21)ジョン・マクナマーズ『死と啓蒙──一八世紀フランスにおける死生観の変遷』平凡社、一九八九年

(22)「特集『家族と墓』をめぐる問題」『比較家族史研究』第三号、一九八八年

(23)藤井正雄『骨のフォークロア』弘文堂、一九八八年

(24)東京都霊園調査会『東京都霊園調査会報告書』『同　付属資料』東京都建設局公園緑地課、一九八八年
「付属資料」は、都民のアンケート調査や東京都の墓地霊園の現状について分析する。

(25)比較家族史学会監修『生者と死者――祖先祭祀』三省堂、一九八八年

(26)佐藤昌訳著『西洋墓地史』(Ⅰ)(Ⅱ)、日本公園緑地協会、一九八八年
墓地造営の観点から、ヨーロッパの墓地を扱っている。

(27)網野善彦・石井進編『中世の都市と墳墓――一の谷遺跡をめぐって』日本エディタースクール出版部、一九八八年

(28)新谷尚紀『生と死の民俗史』木耳社、一九八六年

(29)P・メトカーフ、R・ハンティントン『死の儀礼――葬送習俗の人類学的研究』未来社、一九八五年

(30)P・アリエス『死と歴史――西欧中世から現代へ』みすず書房、一九八三年
ヨーロッパにおける死の文化史を扱ったもの。(15)の文献とともに、死や墓について考える上では必読のものだろう。

(31)浅香勝輔・八木澤壯一『火葬場』大明堂、一九八三年
歴史学者と建築学者が火葬場について共同研究した成果。

(32)最上孝敬『詣り墓』(増補版)名著出版、一九八〇年
両墓制についてまとめた「古典」ともいえる本。
(33)久野昭『葬送の倫理』紀伊國屋書店、一九七九年
哲学者が試みた葬送論。興味深い論点を数多く提示している。
(34)『葬送墓制研究集成』(全五巻)名著出版、一九七九年
葬送墓制に関してのこの時期までに刊行された研究論文を集めたもの。日本史や民俗学の主要な文献はほとんどこのなかに収められている。
(35)田中久夫『祖先祭祀の研究』弘文堂、一九七八年
民俗学研究者である著者が、葬送墓制および祖先祭祀の歴史研究に取り組んだ好書。氏の研究は歴史学における葬送墓制研究に大きな影響を与えた。
(36)大林太良『葬制の起源』角川書店、一九七七年
社会人類学の立場から葬制を問題とした古典的名著。
(37)森浩一編『墓地――日本古代文化の探求』社会思想社、一九七五年
(38)芳賀登『葬儀の歴史』雄山閣、一九七〇年
葬儀の歴史について、体系的に書かれた本。葬儀についての先覚的研究。

あとがき

私の墓地への関心は、一九七九年の茨城県久慈郡里美村での調査に遡る。この調査のテーマは、姉家督相続慣行（最初に生まれた子どもが女子であったとき、その女子に養子をとって相続をおこなう慣行）であったが、たまたま村の草分け的な存在のS家の墓をみる機会があった。ムラの共同墓地のなかで、S家の墓地区画はほぼ中央にあり、その区画の中央に本家の墓があり、左右に分家の墓が並んでいた。さらに、その区画の一段低い場所に、誰のものかわからない数基の墓碑が建てられていた。その墓は、長い間S家で働き、帰るべき家をもたない奉公人の墓であり、S家で祀っていた。同族集団が一つの墓地を占有し、また墓地区画の一角を占めることは、同族結合が強いムラでは、一般的にみられる現象である。そして、その奉公人が同族集団のなかに組み込まれている。ここには、伝統的な社会構造の一つの形態がある。

〈墓地のなかに社会がある〉という認識は、これ以降、徐々に私のなかでつくられていった。伊豆半島（静岡県賀茂郡河津町逆川《さかさがわ》）での調査では、墓地はまったく異なった構造をとっていた。ここでは、明治以前の墓地は田畑の畔《あぜ》にあり、ムラの共同墓地は明治初年に設けられたものであると伝えられていた。そして墓地区画は、当時そのムラを構成していた家々で抽選によって分けたという。このムラでは、同族的な親族の結合は希薄であり、ムラの構成員は比較的平等な権利義務をもってムラを構成していたのである。

それから十年の時が経過して、私は一九九〇年四月から一年間、ウィーンに滞在する機会を得た。この期間を利用して、ヨーロッパ各地の墓地をみて歩いた。ここで私がみたものは、予想外に〈家族墓〉が多いことであり、その慰霊形態が変貌しようとしていることであり、そして「死者の都市」「死者の村」と比喩される墓地の構成であった。

特に、〈家族墓〉については考えさせられる問題が多かった。ヨーロッパで家族史研究の中心的役割を果たしているウィーン大学のミッテラウアー教授にお会いしたとき、なぜヨーロッパで〈家族墓〉が形成されたかについて質問をした。彼は、P・アリエスの話をしながら、決して「祖先祭祀」的観念が復活したわけではないことを強調し、キリスト教の受容とともに祖先祭祀の機能が家族から解除されたヨーロッパの家族（ヨーロッパ的家族の展開）についての説明を受けた。それは、祖先祭祀の観念が欠如したヨーロッパ的家族と、国家体制のなかで祖先祭祀の観念が強調された日本的家族という「比較」の問題を問いかけるものであった。本書のなかで、ヨーロッパとの比較において祖先祭祀の問題に言及したのも、ミッテラウアー教授の影響が大きいといえるであろう。

本書は、墓をつうじて何がみえてくるのか、その問題提示の書と考えていただけるとありがたい。

しかし、まだ残された問題は多い。おそらくこれからも墓や葬送をテーマにした多くの研究が登場するであろう。墓のあり方や「葬送の自由」についての思想は、新たな展開をはじめたばかりである。

また、本書は、墓をめぐるきわめて学際的な内容になっている。その評価は別にしても、私の専門領域とする分野以外の内容に言及できたのは、専門分野が異なる研究者によって組織された比較家族史学会のおかげである。この学会をつうじて知ることができた先輩の諸先生や友人たちの学恩はきわめて大きい。

最後に、本書の執筆を薦《すす》めてくださった高木侃《ただし》・関東短期大学教授や講談社の堀越雅晴氏、そして鈴木章一氏と小田野秀子氏にもお礼を申し上げなければならない。特に、鈴木氏には何度も原稿を読んでいただいた。本書が多少なりとも読みやすいものになっているとすれば、それは鈴木氏の功績である。

一九九三年四月十五日

森　謙　二

補論

「社会を映し出す鏡」としての墓地

墓地は社会を映し出す鏡であると述べたのは、ハンス・クルト・ベールケ（一一頁）である。ヨーロッパ中世の教会墓地はキリスト教の信仰に規定されたのに対し、公園墓地に代表される近代の墓地は衛生的で造園の観点から美しく構築され、文化的な施設として、それぞれの時代の共同体（Gemeinde）を映し出す鏡である、と論じている（Hans Kurt Boehlke, "Der Gemeindefriedhof", 1966）。この認識は、『墓と葬送の社会史』執筆当時からのものであり、私の墓地への関心を支えた重要な観点の一つであった。

墓地を「社会を映し出す鏡」とする主張は、私自身の体験に照らしてみても説得力があるものであった。一九七七（昭和五二）年調査のために茨城県久慈郡里美村（現在は常陸太田市に編入）を訪れた時、あるムラ墓地に立ち寄った。本家の墓地を中心に分家の墓地が並び、一段と低くなった周辺に小さな墓石が並んでいた。たまたま通りかかったご婦人に、この墓地についてお尋ねした。古い分家ほど本家の石塔近くにあり、一段低い場所にある墓石は奉公人のものであると聞いた。奉公人の墓を同

夫婦別姓の墳墓（神葬祭・茨城県常陸太田市里美地区）

族墓地のなかに埋葬する例はそれほど多い訳ではないが、「帰るべき家」を持たない奉公人をここに埋葬したとのことであった。

　また、旧里美村の別の地区の墓地では、神葬祭に基づく夫婦別姓の墓碑を発見した。水戸藩の神葬祭の影響は山深い山村にまで浸透しているのかと思い、神葬祭による墓碑を見たことがなかった私は、頭の中が混乱をするほど驚いたのを覚えている。墓地の調査はこの時から少しずつ始まった。

　それから数年を経て、伊豆・河津町逆川《さかさがわ》の調査に出かけた時、里美村とは全く異なった墓地の様相を見た。この墓地は明治期になって新たに作られたものであり、それまでは畑や道端・畦道にお墓を建てたものだと聞いた。家単位に区画されたムラ墓地は、その区画を同時のムラを構成する家々の戸主による籤によって決めたという。墓地の区画もほぼ均質のものであり、家を単位に区画されていることを理解した。

　この当時、私は学生を連れた調査を行うことを前提として、全国各地に調査地を求めて良く旅に出た。その調査には友人の青島敏氏（現愛知教育大学教授）と竹内康博氏（現愛媛大学教授）に同行してもらった。特に、竹内氏の修士論文のテーマが墓地使用権に関するものであり、氏から墓地について法的問題についていろいろ尋ねながら墓地を見聞できたことは幸いであった。この頃から、私の墓地に対する関心が深まり、どの地域に行ってもまず墓地を見ることから調査が始まった。

「墓地を見ればその社会がわかる」、それが私の墓地への最初の認識であった。その意味では、ベールケと同様の問題意識をはじめからもっていた。里美村における同族の本家を中心とした墓のあり方は、いわゆる同族制村落の社会構造を反映するものであった。それに対して、河津町逆川における墓のあり方は、村を構成する〈家〉の平等性を前提とした組型村落のものであり、そこに村落のそれぞれの社会構造が反映されているように思えた。

奈良県山辺郡都祁《つげ》村（現奈良市）での調査では、山の斜面を利用して年齢階梯によって区分された墓地を〈発見〉した。宮座の存在が村落のあり方を規定している社会で、社守経験者（民間神主）と高齢者を高位にして死者の年齢によって区分された墓地であった。私はそれをとりあえず「年齢階梯制墓地」と名付けた。これもまたこの地域の社会構造を表現するものであった。「年齢階梯制」という社会構造が墓地のなかに反映されているのである。

他方では、調査を重ねるなかで、墓地のあり方は時とともに変化することも理解した。東北地方の調査では、明治時代の話だと言いながら「警察が来て墓地を移転させられた」という話を何度も聞かされたし、畑や畦道等にあった墓地がどのような経過で「村墓地」に変わってきたのか、そして何よ

生家の家族名を刻んだ墳墓
（ウィーン・聖マルクス墓地）

りも驚いたのは都祁村での数年間をかけた墓石調査の時わずか数年間の間にいくつかの墓石の移動があったことである。両墓制の分布する地域で石塔を建立する「詣墓」という関係もあったのかも知れないが、その墓石といえども固定されたものでないことはその時に実感した。この問題意識が墓地の歴史への関心そして墓地に関わる法制度の研究へと展開することになる。

一九九〇年、ウィーン大学への留学の機会を得た。この間、私はヨーロッパ中の墓地を見て廻った。ウィーンだけに限定しても考えさせられる墓地があった。ウィーン中央墓地・聖マルクス墓地・ナーメンロス・フリードホフ（Friedhof der Namenlosen）である。中央墓地に関しては本書の中での述べているのでここでは触れない（二五頁）。聖マルクス墓地は、モーツアルトが埋葬された墓地であり、ビーダーマイヤー期の影響が色濃く映し出されるとして、時代を代表する墓地として永久保存されていた（二六頁）。私が驚いたことは、この墓地の中に建立された墓碑である。この時代の墓碑は、夫婦あるいはその家族が合葬されているケースが多いが、夫の名前といっしょに都市身分の刻まれてい

無縁墓地（ウィーン）

る一方で、その妻の名前にはその生家＝家族名が刻まれていたのである。古い伝統が残存する「近代」初期という時代に、また日本とヨーロッパという遠く離れた地域で、ともに妻の生家の名称（家族名）を墓石に刻んでいることは、きわめて興味深い現象であった。ウィーンのこの時期の墓碑には、死者の名前と同時に都市身分が刻まれ、妻の生家が刻まれていたのである。〈ロマンチック・ラブ〉の時代と言われたヨーロッパ近代において、婚姻に際して妻の出自が問われていたことを物語っている。

〈ナーメンロス・フリードホフ〉とは、ウィーン十一区のドナウ川近くにある身元不明人の墓地というところだろう。この墓地はドナウ川の身元不明の水難者を葬る場所である。この墓地が、一般の墓地とは別個に設けられているのである。ウィーンの“Gemeinde”に住んでいない人は“Gemeinde”の墓地には葬ることはできない、ということなのだろうか。ウィーンにはウィーンなりの「無縁墓地」があることを発見したことは、私にとっても大きな驚きであった。

ウィーンの墓地は、単なる遺体の置き場所であるのではなく、死者たちが生きた時代を刻み込み、〈死者たちの都市（Totenstadt）〉〈死者たちの共同体（Gemeinde der Toten）〉に遺体を埋葬していたのである。その意味では、ヨーロッパでは墓地は都市の慰霊空間であると当時に、墓地が都市の一つの文化施設として構築されていたのである。これに対して、日本の墓地は、〈家〉を単位とした墓地区画の連合体であり、そこに歴史や社会（都市）が刻まれることはない。その地域の中で生きた人間も、死後は〈家〉の中に収容され、その〈家〉に承継者がいなくなると、無縁の仏＝無縁の死者となる。その意味では、墓地が公共空間になることはない。日本の墓地は私的な〈家〉連合体でしかない。

日本とヨーロッパでは、それぞれの社会のあり方が墓地のあり方に反映している。ここでも、墓地は社会を映し出す鏡であるという、ベールケの議論は生きているし、墓地の観察からそれぞれの社会のあり様、社会問題、家族のあり様など、多くの情報をえることが可能になる。

墓制の史的展開

日本の墓地の歴史を考える時、いくつかの転換期があったことを本書でも指摘してきた（一一頁）。その画期について変更の必要性はないと思う。ただ、若干付け加えておきたいことがある。すなわち、第二に転換点としてあげた十二世紀の頃であり、この時期に日本の伝統的な墓制が大きく変更し、現在の墓制につながるような多様な習俗が形成された、と考えていた。この認識にもう一つ付け加えるとすれば、この時期以降に日本の墓制は大きく変貌し、大きく三つの方向に墓のあり方が収斂されていく、をいうことである。

第一の形態は、火葬後の遺骨を保存し、それを墳墓の中に納める習俗の誕生である。この習俗は、主に平安時代の貴族階層のなかで受容されていくことになる。これが庶民階層にまで浸透して行くにはなお長い時間が必要であった。第二は、死体（遺体）は遺棄することよりも、土葬することに重点を移しながら、死者のための供養・祭祀の場を設けるという形態である。日本の近畿地方を中心とする地域では、遺体を埋葬する場所としての「埋墓」と祭祀・供養の「詣り墓」を設ける「両墓制」と呼ばれる習俗があるが、これがこの習俗の一つの典型を示している。第三は、屋敷内あるいは屋敷付属の土地に遺体を埋葬し、墳墓を設ける墓制である。

上層階層において〈モガリ（殯）〉の期間、遺体が喪屋（殯の宮）におかれていたとしても、あるいは庶民階層のように賽の河原に運ばれ遺体が放置されていたとしても、遺体や遺骨を保存するという思想は十二世紀の頃までは形成されていなかった。死穢は人間の死骸を見るだけでも発生し、五体不具穢は鳥や犬が運んできただけでも発生した。この時期の〈葬る〉という行為は、人の目に触れないように遺骸を隠すことであり、隠すことによって穢れの発生を防ぐのが目的であった。

火葬の導入は、この遺体遺棄の慣行に大きな影響を与えた。淳和天皇（承和七［八四〇］年五月八日崩御）は、以下のような遺詔を発している。「私は、人は死ぬと霊は天に昇り、空虚となった墳墓には鬼が住みとき、遂には祟りをなし、長く累《わざわい》を残すことになる、と聞いている。死後は骨を砕いて、山中に散布すべきである」（『続日本後紀』巻第九）と。淳和天皇の葬送は一般には麗しい〈散骨葬〉と語られているが、実際には〈葬〉ではない。淳和天皇の遺詔は、空虚な墳墓には鬼が住み、それが祟りをなすので、骨を砕いて散布すべきであるという趣旨である。散骨の目的は、人が祟りが起こらないように蔵《かく》し見えないところに散布すべき、というものであった。焼骨は穢れの発生源ではなくなったが、こんどは悪霊・怨霊が住むつくもの、御霊《ごりょう》が取り憑く媒介物になったのである。この段階から、焼骨が人間社会にとって単なるものとして「意味がないもの」から御霊あるいは霊魂が取り憑く「意味があるもの」に変化したのである。

この段階から、これまでの焼骨を放置する・廃棄するという習俗が少しずつ変化していくことになる。この変化の様子については本書の中で記述している（五三頁以下）。上層階層では、墓地に石塔を建てる、寺院を建立する、焼骨を寺院に納骨するという慣行の展開は墓制全体に大きな影響を与えた。つまり、これまでの遺体（遺骨）遺棄の伝統から変貌し、浄土思想や祖先崇拝の思想の展開によって、遺骨を保存し、死者を供養・祭祀するという枠組みが展開するのである。

死穢の対象としての遺体が火葬によって浄化されるという議論はすでに柳田國男によって展開されていたし、堀一郎も火葬の受容に関しても同じような議論を展開している（堀一郎『生と死（著作集第六巻)』未来社、一九九〇年)。しかし、これだけでは焼骨を保存の対象とするという論理は生まれてこない。浄土思想の展開や祖先崇拝への意識が高まることによって遺骨を保存するようになったとするのは、一つの説明であったにしても、説得力に少し欠けているように思えた。その意味では、淳和天皇の遺詔は私にとっては重要な〈発見〉であった。この問題について、新著を予定しているので、そちらを参考にしていただければ幸いである。

もう一つは、両墓制の問題である。もともと両墓制の問題は、死骸と霊魂の分離を前提とし、「死骸＝穢れ＝埋墓」と「霊魂＝浄霊＝祭地＝詣墓」という枠組みを前提として、古くは祭地には石塔はなかったが、中世から近世の初期にかけて石塔が建てられるようになり、現在の両墓制の形態になったという、柳田國男の議論から出発している。この考え方は、大間知篤三、最上孝義そして国分直一に引き継がれていくが、原田敏明は「詣墓」が死穢の場であることを認めながら、詣墓については死者尊重の考えから、後になって仏教信仰に基づいて礼拝供養をするために建てられたものと位置付けた。すなわち、「埋墓」と「詣墓」の成立には時間的なズレがあり、「詣墓」の成立には〈家〉の形成を前提とした祖先祭祀の思想の展開があったと論じたのである。

両墓制の理解については、私は原田の理論を踏襲している（八一頁）。その理由は、柳田のいうように詣墓が「霊魂＝浄霊＝祭地」という枠組みを持つものであれば、その詣墓は神社＝氏神さまに建立されてもおかしくなかったはずだが、現実には神社に詣墓が形成されている例はないこと、そしていわゆる「埋墓」に石塔（一石五輪塔）が数多く埋められている事例を奈良県旧都祁《つげ》村（現奈良市）針《はり》で発見したことである。

後者の事例は、昭和四十年前後の頃、針の墓山墓地（埋墓）が名阪道の建設のために一部を改葬しようとした時、丈が四〇～五〇センチの一石五輪塔が大量に見つかったものである。発掘された一石五輪塔は、おそらくは詣墓のある垣内寺が建立される以前のものであろう。では、なぜ遺体とともに一石五輪塔は埋められたのであろうか。死者の供養を行うため、あるいは死者の穢れを閉じ込めるため、いずれにせよ埋墓においても遺体とともに一石五輪塔を埋めることによって死者への鎮慰・供養が行われていたが、その後垣内寺に石塔墓が建立されるようになり、現在に至る両墓制の景観が形成されたと、私は考えていた。

死者を穢れの対象として生者の世界から遠ざけることを目的にした「埋墓」になぜ一石五輪塔を埋めたのか。この問題を考えるためにも、御霊信仰の影響を考えざるを得ない。厳密な意味において、平安時代において流行する御霊信仰の展開は、肥後和男がかつて論じたように、「個」の恨みや怨念を媒介にした御霊であり、御霊信仰のあり方も長屋王・菅原道真や崇徳天皇のように著名な固有名詞を冠して流布していたことが多い（肥後和男「平安時代における怨霊の成立と展開」柴田實編『御霊信仰』（一九七四年、雄山閣出版））。したがって、ここで「御霊信仰の影響」というのは、かつての漠然とした怨霊なのではなく、「個」の怨霊が問われはじめ、「個」の怨霊＝霊魂に対して鎮魂（慰霊）・供養するという思想が展開し始めたことを意味している。「埋墓」に埋められた一石五輪塔も、「個」としての死者に対しての鎮魂（慰霊）・供養の展開と考えた方が理解しやすい。「埋墓」はかつてのような遺体遺棄の現場ではなく、死穢を恐れながらも死者の霊魂を鎮撫・供養する空間へと変質してくる。この段階から、「埋墓」も人里離れた遺体遺棄の現場から、集落の境界領域へと移動してくることになる。

もちろん、遺体遺棄の習俗の展開から死者（祖先）を祭祀するという行為には一定の距離があり、その距離を埋めたのが「御霊信仰の影響」と考えたのである。すなわち、祖先祭祀の思想が展開するためには、死者を「個」を祖先として祭祀の対象とする枠組みが形成されなければならないからである。

ここでは、畏怖の対象である死者を「あの世」の世界に閉じ込めようとする行為も、迷わずに「あの世」にいって欲しいと願う行為も、「あの世」で冥福を祈る行為も、ここでは「供養」としてとらえておきたい。このような理解は反対論も多いかも知れないが、鎮撫（慰霊）も広義においては「供養」と枠組みで捉えても良い。埋葬地に卒塔婆を建立するという行為も、石塔墓を建立する行為も、供養を目的とした行為であり、生者が死者に対して行う行為である。ここには、死者を死者の国に確実に位置付け、死者と生者の関係を安定させるための、生者の新しい試みが展開されるようになったのである。

両墓制の「埋墓」における墓上施設も、「詣墓」における石塔墓も、等しく「供養」のための施設という意味をもつ。もっとも、「詣墓」の場合には祖先祭祀のための施設を持つのに対し、「埋墓」の墓上施設は祖先祭祀のための施設という意味合いを持たない、ここに両墓制の二つの〈ハカ〉の違いがある。概念として区別しなければならないことは、「供養する」ということと「(祖先を)祀る」という行為である。

「供養する」と「(祖先を)祀る」ことの間には、次の二点において違いがある。一つは、死者に対する関係性の違いである。「供養する」という行為は、近親者にも他人でも誰でもが行うことができる行為であるのに対し、「祀る」行為は死者との間で一定の関係性にある人による行為(子孫)になる。死者と一定の関係性にある死者を「親密な死者」と呼んでおきたい。死者とどのような関係性の人々を「子孫」あるいは「親密な死者」と認識するかはその社会のシステムあるいは親族のシステムに規定された問題である。

もう一つは、死者に対する考え方の変化である。もともと死者に対して、恐怖・畏怖の念と愛慕追惜の念の矛盾した感情を持っている。近親者の死であっても、強い穢れ意識から死者を排除する例は、この両墓制の「埋墓」を見ても明らかである。その死者をなぜ祀るかと問われるとすれば、そこに新たな死者に対する愛慕追惜の念が生じてきたからだといわざるを得ない。愛慕追惜の念を抱くのは、近親者の死に対してだけである。「第三者としての他者」の死に関しては、穢れ意識＝死者を排除する感情は根強く存続することになる。「祀る」という行為は、死者との関係性（子孫という関係性の確保）と死者に関する感情の変化（恐怖や畏怖の感情を超えた愛慕追惜という感情の形成）を前提としなくてはならない。

この四半世紀の葬送の変化―混迷する葬送と墓制

本書の執筆からほぼ四半世紀が過ぎた。墓や葬送のめぐる環境は大きく変貌した。もちろん、墓と葬送が単独で変化した訳ではない。社会全体が大きく変化し、そのなかで墓や葬送のあり方も大きく変化したのである。「第二の近代」あるいはポストモダンと呼ばれる大きな社会のパラダイム変化の中で墓や葬送のあり方が変わったのである。本書の中で、第四の転換期を「現在」としたのは正しかったと思うが、この段階では墓や葬送の変化の全貌をまだ見ることはできなかった。

近代日本の葬送・墓制の展開は、国民道徳にまで高められた祖先祭祀を前提とし、〈家〉を単位とした葬送・墓制を制度化する方向に進んだ。葬法としては、全体として火葬に収斂され、その焼骨を墳墓に入れるという、平安時代に貴族階層が導入した枠組みに収斂されていった。この墳墓建立の単位が〈家〉であり、〈家〉（跡継ぎ）によってそれを承継するという構造を法律上も形作り、戦後の民法改正でもその仕組みを維持したのである。第四の転換期は、葬法（第一次葬）が火葬に収斂される一方で、少子化の中で跡継ぎによる祭祀承継の枠組みが維持できなくなることによって第二次葬＝焼骨処理の多様性が始まることによっておこる。

この変化は日本に固有の問題ではなく、先進諸国に共通して起こった人口学的転換、すなわち少子化現象がそのきっかけを与えた。ヨーロッパでは、少子化現象は〈子ども〉のあり方（非嫡出子と嫡出子の平等性、生殖医療の展開に基づいた体外受精の子どもの増加、子育て環境の整備など）にその影響が及んだが、日本社会では何よりもまず〈家〉の跡継ぎの確保ができないという「日本型近代家族」の解体現象として展開した。

人は「家族の子」として生まれるが、「市民社会の子」として死んでいくという論理は近代の日本社会では形成されなかった。「家族の子」として生まれ、「家族の子」として死んでいくというこれまでのパラダイムが大きく動揺するなか、目先の処方箋だけが示された。

眼下の問題として、増大する無縁墳墓に対してその改葬の手続きの簡素化が定められたが、国や地方自治体も何の対応も行わず、ただ「跡継がいなくなる」という現実に対しての市場での処方箋だけが示された。墓地使用の「有期限化」、〈埋葬〉の「共同化」、〈埋葬〉の標識としての墳墓の「無墓石化」という枠組みは一九九〇年代に示され、合葬式共同墓・樹木葬・散骨という新しい焼骨の処理方法が提案された。たしかに、跡継ぎがいない人々にとって新しい「埋葬」方法が提案されたことは一つの福音であったが、問題の根本的な矛盾が解消された訳ではなかったし、むしろ新しい矛盾を引き起こす誘因になっている。

その一つは、遺骨についての所有権は死者の属した家族（祭祀承継者）が持つという枠組みは何ら変更されていないことである。「遺骨の所有権」という何とも奇妙な法理論の法律上の根拠は、現行民法第八九七条（いわゆる祭祀条項）にある。この条項を通じて、遺骨は祭祀財産として位置付けられ、その所有権は祭祀承継者にあると解釈されている。では、祭祀承継者がいなくなった遺骨の所有権を誰が承継することになるのだろうか。国が承継するのだろうか。もともと祭祀承継者がいない人々のための墳墓や墓地は誰によって管理され、保護されるのか。この問題には目をつぶったまま、既成事実だけが積み重ねられていっている。

多くの霊園で一般的な墓地使用権を取得しようとする場合、祭祀承継者の存在を前提としている。俗に言えば、「跡継ぎがいなければお墓を買えない」のである。公営墓地の場合、遺骨がなければ公営墓地の申し込みさえできないことが多い。このような制度をそのまま放置したまま、新たな葬法が展開しているのである。

その二は、合葬式共同墓と無縁墳墓を合葬した無縁塔の間にどこに違いがあるのかという問題である。無縁墳墓として改葬された遺骨は法律上はゴミと同様の取り扱いを受ける。無縁墳墓であっても、無縁墳墓の墓石は廃棄しながらも新たに無縁塔を建立しその遺骨を合葬してこれらを保管する自治体も存在する。しかし、制度としては無縁塔に納められた遺骨は祭祀財産ではなく、ゴミとして処理される。合葬式共同墓はゴミになった（将来ゴミとして処理される）遺骨の集積場なのであろうか。

近年、遺骨というゴミの集積場ではないかと思うばかりの合葬式共同墓に出会うことがある。公営の合葬式共同墓も例外ではない。一九九〇年のはじめに合葬式共同墓を提唱した創始者達は、合葬式共同墓の「共同」の意味に腐心した。しかし、安上がりで効率だけを求めて合葬式共同墓を建立するとすれば、その「墓」は死者への慰霊・供養のための施設というより単に遺骨というゴミの集積場でしかない。

遺骨をゴミ化する論理を正当化する役割を果たしているのが「自然葬」ということばである。このように言えば、新葬法の支持者から反発がおこるかも知れない。「人が死ぬと自然に還る」という大義名分は「自然葬」ということばの正当性を担保しているかのように思える。しかし、次の三つの意味でこのことばには留保が必要とある。たしかに、「人が死ぬと自然に還る」という思想は、ある意味では世界的に普遍的な思想なのであろう。しかし、死者が自然に還る前に、必ず「個」としての死者を慰霊（供養）するという宗教感情をともなっていた。火葬した遺骨を墳墓に入れて保存するという日本固有の習俗も、死後三十三年あるいは五十年で弔い上げを行うという習俗も、「個」としての死者の慰霊（供養）を前提したものであり、死者への慰霊（供養）が欠如するとすれば、墓地はゴミ化した遺骨の集積場になってしまうだろう。

第二は、高温で火葬した焼骨が物理的に自然に還るのという問題である。高温でセラミック状になった遺骨は自然に還りにくいことはヨーロッパでも指摘されていることであるし、火葬というもっとも人為的な葬法に遺骨を骨砕機によって粉砕したとしても、この葬法が〈自然〉のものではなく、人工的で人の手を加えた文化的葬法であることには違いがない。

もともと〈自然葬〉は用語法には矛盾を内在していた。これが第三の問題である。すなわち、〈自然葬〉あるいは〈自然葬法〉は、風葬のように人為的ではない、人の手があまりかかっていない葬法として、民俗学者の五来重によって提唱された概念であった（五来重『葬と供養』〈一九九二年、東方出版〉）。この用語法を無視して、もっとも人的な葬法である散骨を「自然葬」と呼ぶ用語法がマスコミを通じて流布した。ことばは生き物であり、流動的であることは理解できるが、マスコミによって流布したことばを、『広辞苑』等の大辞書の編集委員がもともとの用語法を無視して無反省にこれを取り上げたことは遺憾であるといわざるを得ない。

〈自然葬〉ということばは、マスコミの力を通じて新しい葬送のイメージを培養することには成功したが、マスコミは、国民の知る権利を代弁するための努力、つまり〈自然葬〉に内在する問題点を取材するという努力を怠った。私は、このような散骨を〈自然葬〉に比定するような用語法を〈イデオロギーとしての自然葬〉（俗に言うならば、「嘘っぽい自然葬」）と呼びたい。

その三は、法の空洞化の問題である。もともと現行の墓地埋葬法は土葬を前提としたものであり、焼骨の処理方法＝「埋葬」秩序について詳細に規定しているものではなく、ザル法であった。それでも、埋葬（土葬）・埋蔵・収蔵については法律上の定義があり、一定の役割を果たしていた。また、墓地理葬法がザル法であっても、死体遺棄罪などの刑法典が遺体や焼骨の処理方法＝「埋葬」秩序の抑止力として事実上葬法を規制する役割を果たしていた。たとえば、散骨である。一九九〇年以前には散骨は違法であり、死体遺棄罪が適用される可能性があるとされてきたが、ある法務官僚が弔意を持って行えば違法ではないという見解を一九九〇年に発表し、散骨に対する歯止めがなくなった。このことをきっかけに日本の「埋葬」の秩序は混迷を深めることになる。

現在新しい葬法として脚光をあびる、合葬式共同墓も樹木葬も、そして散骨も現行の墓地埋葬法からすれば想定外の葬法であり、法規制の対象外であり、この新しい葬法の定義さえもが存在しない。また、法制規制の対象外であることを良いことに、好き勝手なことをやり始めた。たとえば、環境保護のNPO法人を立ち上げ散骨業を営んだが、数年でNPO法人を解散した事例。合葬式共同墓を事実上NPO法人が経営をし、〈桜葬〉ということばを商標登録した事例。墳墓から墳墓への改葬は市町村の許可が必要であるが、墳墓から散骨への改葬は許可が必要ではないとした市町村の事例。墓地の拡張が認められないから、その墓地の側に散骨場を作ったある寺院の事例。

法規制の対象外としたことは、次の二つの意味を持つ。一つは、規制がなくなることになり、新しい葬法に対する新たな事業の展開が始まったことである。散骨について数多くの民間企業やNPO法人が誕生したことがそれを物語っている。閉塞した葬送関連業界で葬法の多様性を求めて新しい風を起こしたとも言えるが、多くのケースは隙間産業として弱小の企業が葬送産業の利益のおこぼれに群がったに過ぎない。つまり、「埋葬」の市場化が進んだのである。一つは、法適用の不公平である。墓地を作るには厳格な手続きより市町村の許可が必要であるが、散骨場の経営には許可はいらないという不公平さ、前述の改葬手続きでも同じことが言える。第二は、課税の不公平さである。隙間を狙って「埋葬」業に民間企業が参入してきたが、墳墓の購入には消費税がかかるが、民間企業が行う散骨や合葬式共同墓への収蔵あるいは埋蔵には課税されないという不公平である。

現代の葬送・墓制の混迷は、私達の意識変化にも反映されることになる。九〇年代以降、「葬送の自由」＝葬送の自己決定論の主張されるようになってきた。自己決定論は、近代化の議論の中で、十九世紀から民族自決の議論が展開され、二十世紀になってインフォームド・コンセントの問題としてその議論が展開されてきた。近代化論の中で自己決定論が一定の役割を果たしたことは評価しなければならないが、他者の存在を前提とする葬送領域の問題に自己決定論を持ち出すことがはたして妥当であるかどうかである。これまで日本の葬送秩序をささえてきた考え方は祖先祭祀であり、この思想は自己の死後を子孫に委ねるという思想である。これに対して、葬送の自己決定論は自分の意思で死後も決めたいと願うことである。全く正反対の考え方が、現代の日本のなかで渾然と同居するようになった。

死者はみずからの遺体を自分で処理をすることはできない。葬送をめぐる問題は、ここから出発しなくてはいけない。死者を葬ること（「埋葬」すること）が第一義的には家族の役割であることは洋の東西を問わず普遍的なことである。近代のヨーロッパでは、祖先祭祀という枠組みは持たなかったが、公園化された墓地は、アリエスが指摘したように、死者と家族との邂逅の場であった（『死と歴史―西欧中世から現代へ』みすず書房、一九八三年）が、死者への責任は社会が果たすべきものと考えた。日本では、死者の霊魂が宿るものとして遺骨を保存し、少なくとも「弔い上げ」が終わるまでは「個」と死者を供養・祭祀をし、最終的に「祖先」として家族＝家が祀ることを道徳上の義務とした。

「葬送の自由」＝自己決定が主張されるようになると、「埋葬」されない死者が登場し、また「葬式はいらない」「墓はいらない」と主張する死者、あるいはそうしたくてもできない死者が現れてきた。お墓があっても残された子どもに迷惑がかかる、お金がかかる、今は跡継ぎがいてもいずれ無縁になってしまう、と主張するようになってきた。この葬送の自己決定論の論理は、祖先祭祀の考えを背後に追いやり、他者を拒絶するように見える。「生きる」こと自体が他者と共存し相互に依存する関係にありながら、依存している自己を見ないで自己決定を主張することによって他者を拒絶するようになる。

このような現象が今後どのように展開するのかまだわからないが、マスコミはこの新しい葬送のイメージの培養器になって情報をたれ流すだけである。現在の現象は、時代の転換期の混乱の表現形態かも知れない。その意味でも、新しい葬送の流れに潜む問題の所在を明らかにし、新しい日本の葬送秩序を再構築しなければならない。葬送の儀礼は、死者が生者（社会）と関わりを持つ最後の機会なのである。

もちろん、かつてのような〈家〉秩序を前提とした葬送の秩序の再構築ではない。新たな秩序の再構築である。また、新しい葬法を否定するものでもない。新しい葬法もこれからの歴史の一頁を担うことになるが、それは無秩序ではあってはならないし、死者の尊厳性を損なうものであってはならない。

歴史の不可逆性は明らかであり、新しい歴史は死者と生者の協同作業としてたえず新たに構築されていく。この問題意識が予定している新著の執筆につながった。人を〈埋葬〉する意味とは何か、改めて問い直さなくてはならない。

本書の原本は、一九九三年に講談社より刊行されました。

著者略歴
一九四七年　徳島県生まれ
一九七〇年　明治大学法学部卒業
一九八三年　茨城キリスト教短期大学教授
現　在　茨城キリスト教大学文学部文化交流学科教授

〔主要著書〕『出作りの里』（新葉社、一九八九年）、『墓と葬送の現在』（東京堂出版、二〇〇〇年）、『家族革命』（編著、弘文堂、二〇〇四年）、『今、この日本の家族―絆のゆくえ』（共著、弘文堂、二〇一〇年）

読みなおす日本史

墓と葬送の社会史

二〇一四年（平成二十六）五月一日　第一刷発行

著　者　森《もり》　謙《けん》　二《じ》
発行者　前田求恭
発行所　株式会社 吉川弘文館
郵便番号一一三―〇〇三三
東京都文京区本郷七丁目二番八号
電話〇三―三八一三―九一五一〈代表〉
振替口座〇〇一〇〇―五―二四四
http://www.yoshikawa-k.co.jp/
組版＝株式会社キャップス
印刷＝藤原印刷株式会社
製本＝ナショナル製本協同組合
装幀＝清水良洋・渡邉雄哉

ISBN978-4-642-06576-4

刊行のことば

現代社会では、膨大な数の新刊図書が日々書店に並んでいます。昨今の電子書籍を含めますと、一人の読者が書名すら目にすることができないほどとなっています。ましてや、数年以前に刊行された本は書店の店頭に並ぶことも少なく、良書でありながらめぐり会うことのできない例は、日常的なことになっています。

人文書、とりわけ小社が専門とする歴史書におきましても、広く学界共通の財産として参照されるべきものとなっているにもかかわらず、その多くが現在では市場に出回らず入手、講読に時間と手間がかかるようになってしまっています。歴史の面白さを伝える図書を、読者の手元に届けることができないことは、歴史書出版の一翼を担う小社としても遺憾とするところです。

そこで、良書の発掘を通して、読者と図書をめぐる豊かな関係に寄与すべく、シリーズ「読みなおす日本史」を刊行いたします。本シリーズは、既刊の日本史関係書のなかから、研究の進展に今も寄与し続けているとともに、現在も広く読者に訴える力を有している良書を精選し順次定期的に刊行するものです。これらの知の文化遺産が、ゆるぎない視点からことの本質を説き続ける、確かな水先案内として迎えられることを切に願ってやみません。

二〇一二年四月

吉川弘文館

読みなおす日本史

大本営	森松俊夫著	二二〇〇円
日本海軍史	外山三郎著	二一〇〇円
史書を読む	坂本太郎著	二一〇〇円
山名宗全と細川勝元	小川　信著	二二〇〇円
東郷平八郎	田中宏巳著	二四〇〇円
昭和史をさぐる	伊藤　隆著	二四〇〇円
歴史的仮名遣い その成立と特徴	築島　裕著	二二〇〇円
時計の社会史	角山　榮著	二二〇〇円
漢　方 中国医学の精華	石原　明著	二二〇〇円
墓と葬送の社会史	森　謙二著	二四〇〇円
大佛勧進ものがたり	平岡定海著	（続　刊）
姓氏・家紋・花押	荻野三七彦著	（続　刊）
戦国武将と茶の湯	米原正義著	（続　刊）
悪　党	小泉宜右著	（続　刊）
安芸毛利一族	河合正治著	（続　刊）

吉川弘文館
（価格は税別）